从身边现象看中国经济

蒋晓晓　邵雁泽　著

中国财经出版传媒集团
中国财政经济出版社
北京

图书在版编目（CIP）数据
从身边现象看中国经济 / 蒋晓晓，邵雁泽著. 北京 ： 中国财政经济出版社，2025. 5. -- ISBN 978-7-5223-3898-9
Ⅰ. F124
中国国家版本馆CIP数据核字第2025YL1083号

图书策划：董小烨　　责任校对：胡永立
责任编辑：董小烨　　责任印制：张　健

从身边现象看中国经济
CONG SHENBIAN XIANXIANG KAN ZHONGGUO JINGJI

中国财政经济出版社 出版
URL：http：//www. cfeph. cn
E－mail：cfeph@ cfeph. cn

社址：北京市海淀区阜成路甲 28 号　邮政编码：100142
营销中心电话：010－88191522
天猫网店：中国财政经济出版社旗舰店
网址：https：//zgczjjcbs. tmall. com
北京密兴印刷有限公司印刷　各地新华书店经销
成品尺寸：145mm×210mm　32 开　8 印张　140 000 字
2025 年 5 月第 1 版　2025 年 5 月北京第 1 次印刷
定价：65. 00 元
ISBN 978－7－5223－3898－9
（图书出现印装问题，本社负责调换，电话：010－88190548）
本社质量投诉电话：010－88190744
打击盗版举报热线：010－88191661　QQ：2242791300

前　言

从身边烟火，去感受经济万象，触摸发展的脉搏。

这本书几乎是我和雁泽一气呵成。一个“70后”的老师带着一位“00后”的学生，我们两个人都非常的感慨。为什么？因为对于“70后”和“80后”，这本书几乎是我们的整个青春记忆，街头巷尾弥漫的烟火气息，是我们每日都在参与的真实体验啊。对于和雁泽年纪相仿的“90后”“00后”来说，他们的父母刚好经历了这个时代。我们的青春奉献给了祖国轰轰烈烈的建设，时代车轮滚滚向前，我们这一代也是时代红利的拥有者，而雁泽他们则踩在父辈的肩膀上，通过他们的努力，使我们的国家综合实力变强，成为国际舞台上一支重要的力量。同时，他们也在享受着科技发展所带来的便利的生活，“青出于蓝而胜于蓝”。

我的硕士毕业于清华大学经济管理学院，学的是工商管理专业，这给我二十多年的金融从业经验提供了扎实的理论基础。我是一名金融从业者，也是比较早的外资银行从业者。经历2008年的经济危机，我所在的外资银行被收购，我因此机缘巧合到了信托行业，后来，国家资管新规的颁布，让我在信托行业的发展遇到瓶颈，再一次转型到了证券行业，成为投资银行业的一名“新兵”。虽是“新兵”，但金融各个行业之间有着千丝万缕的联系，实践是最重要的。在投行业务中，我再次深深感受到国家发展的日新月异，国家政策对于企业发展的深远意义，科技的进步给身边百姓生活带来的丰富和便利。太阳每天都是新的，我们身边的生活每天都是新的。国家出台一系列政策，如更加积极的财政政策和适度宽松的货币政策、全方位扩大内需（消费提振、创新消费场景、扩大有效投资）、以科技创新引领现代化产业体系建设、全面深化改革开放、加大力度保障和改善民生等，令人振奋。

中国经济的发展是一个长期而又复杂的过程。勤劳而伟大的中国人民逢山开路，遇水搭桥，任何困难都难不倒我们。雁泽他们这一代应该庆幸的是他们处在这个伟大的时代。高科技的发展所带来的变化将是无法想象的。他们这一代人将有更多的热情投入到轰轰烈烈的科技发展热潮中。在经济学教科书与统计年鉴之外，最鲜活的经济密码往往藏在寻常巷陌的烟火气里。改革开放40余载，中国经济的腾飞更渗透在我们老百姓衣食住行的点滴变化之中。这些生长在960万平方千米土地上的变化，终将在高质量发展的宏伟叙事中汇聚成河，奏响新时代中国经济发展的宏伟乐章。让我们从身边的小事做起，用心观察，去思考，去奋斗，让我们为中国经济的发展多做一些贡献。

蒋晓晓

2025年3月

目　录

第1章

衣

从“动批”到淘宝：服装零售业的告别与新生

从北京大红门地铁站下车，凉水河对面便是大红门服装商贸城。漫步南苑路，京温大厦、新世纪服装大厦、天雅女装大厦、福成服装大厦鳞次栉比，构成了北京最著名的服装批发聚集地。这里曾是北方服饰潮流的风向标，源源不断地向内蒙古、东北等地输送着最新的时尚元素。然而，在2021年金秋时节，在北京新的城市规划中，这个见证了无数创业故事的地方，迎来了它的谢幕时刻。

与此同时，在北京的另一端，位于二环西北角的动物园服装批发市场——这个被北京人简称为“动批”的地方，也在悄然告别历史舞台。2017年11月，随着最后一处营业的东鼎市场闭市，这个曾经日均客流超过10万人次、年营业额高达200亿元的商圈，最终画上了句点。这片曾经熙熙攘攘的集市，将让位于高科技、金融等高精尖产业，以及更多的绿地、更完善的公共设施和更好的居住环境。这不仅是一个地标性商圈的消失，更是中国服装零售业态演进的一个侧影。

在改革开放的大潮中，服装批发市场是最早萌发的商业业态之一。20 世纪 80 年代末 90 年代初，第一批个体商户开始在北京动物园附近经营服装批发生意。这些早期创业者多是下岗工人或者农村进城务工人员，他们带着改变命运的决心，在这片土地上开启了自己的创业之路。

当时的“动批”环境简陋，很多商户只能在临时搭建的棚户里经营。但得益于紧邻北京西站这个全国性铁路枢纽而带来的交通便利性，“动批”很快形成了聚集效应。来自全国各地的服装经销商络绎不绝，其中不乏东北、内蒙古等地区的“串货”商贩，他们采购完服装后，通过火车运回各自的城市销售。到了 20 世纪 90 年代中期，“动批”已经成为华北地区最重要的服装集散地，这里的服饰曾被源源不断地输送到内蒙古、东北三省等地区，是北方服饰潮流的风向标。

这种商业模式在全国迅速复制。在南方，广州依托强大的制造业基础，形成了以白马、红棉为代表的批发市场集群，成为全国服装批发的源头。浙江海宁专注皮革服装，在细分市场中占据重要地位。

当时，上海的七浦路凭借其南北交通枢纽的地位，发展成为辐射华东地区的重要集散中心。七浦路的故事始于改革开放初期。那时的交通尚不发达，南方生产的服装要运往北方，上海自然而然地成为中转站。2000 年前后，在“马路入市”政策的推动下，一批来自浙江温州、福建等地的商人相继买下了七浦路的地块，建造了 12 个服装市场。以河南北路为界，整个区域东西横跨虹口区和静安区，总建筑面积达 30 多万平方米，汇聚了 7000 余家服装店铺。据估计，在鼎盛时期，这里的年交易额高达 50 亿元，吸引着来自江苏、浙江、安徽、山东等地的服装零售商前来采购。

那是一个几乎不需要太多经验就能赚钱的黄金年代。互联网尚未普及，而批发市场则构建了一个完整的产业生态。市场采用代理制，新人可以很快拿下服装厂的区域代理权。从生产端到销售端，形成了层层代理、层层加价的多级分销体系。这种模式虽然效率不高，但却完美匹配了当时的社会需求。在信息不对称、物流体系不发达的背景下，批发市场天然具备了信息集散、现货交易、价格发现的功能。每天清晨四五点开始营业，往往上午九点就能完成一天的生意，单个店铺日流水轻松过万元，利润率普遍维持在 30% 以上。一些经营有方的店主，年收入可达数百万元。批发市场不仅为大量个体商户提供了创业机会，也为城市创造了大量就业岗位和税收收入。①

---

① 朱萍．消逝中的北京“动批”，最大市场世纪天乐闭市［EB/OL］．21 世纪经济报道，(2017 - 10 - 14)［2024 - 12 - 10］．http：//m. 21jingji. com/article/20171014/db706b342e169ea03efdafa217888d09. html.

然而，这样的盛况并未能持续太久，服装批发市场的繁荣在互联网浪潮的冲击下开始瓦解。2003 年淘宝网成立，开启了中国电商时代。最初几年，电商对实体批发的影响还不明显。但随着 2008 年淘宝商城（后改名为“天猫商城”）的上线，以及 2009 年“双十一”购物狂欢节的诞生，形势开始发生根本性转变。

电商平台凭借其独特优势，正在重构整个零售生态。相较于传统的线下零售批发业态，电商平台最突出的特点就是渠道扁平化。制造商可以直接在网上开店，通过物流直接将货品送到消费者手中，传统的多级分销体系失去了存在的必要。这导致电商平台不仅从需求端抢走了客源，更是从供给端根本地摧毁了传统的代理体系——制造商可以轻松架设网店，直接面向全国消费者，传统的区域代理已变得可有可无，失去了存在的必要性。这不仅大幅降低了交易成本，也让终端零售价格更具竞争力。

客流的断崖式下降，让七浦路的生意每况愈下。从巅峰时期的日均十万人流，跌至现在的日均五六千人。早年清晨六点半就开始营业的市场，后来要到上午十点才开始苏醒。虽然一些市场尝试转型线上，但收效甚微。许多传统批发商习惯了线下经营模式，对于建设网店、配置客服等新型营销方式既缺乏经验，也不愿投入。

浙江海宁，这个以皮革闻名的城市也面临着相似的困境。曾经的旺季一天能卖出上百件皮衣的店铺，如今十多件就算不错了。价格也在不断下滑，以往能卖到1500—1600元的男式单皮衣，现在只有品牌货能维持这个价位，其他都降至八九百元。更令人忧心的是，客户的购买行为发生了根本性改变——“现在来的人，看得多买得少”，这句话道出了传统批发市场的共同困境。

电商平台带来的另一个至关重要的变化是市场环境的改变。在古典经济学的理论中，有一个关于市场环境的非常著名的假设——“完全竞争”，指的是在一个市场中，没有垄断、信息不对称、交易成本和市场进入退出成本，商家提供性质完全相同的产品。在这一假设下，古典经济学模型所得到的关于生产者的基本结论是：生产者多卖出一单位产品所获得的边际收益，恰好等于他们生产一单位产品所需要付出的资本和劳动成本。这意味着在完全竞争的市场条件下，没有生产者可以获得额外的经济利润，否则就会吸引新的厂商加入市场，抹平这一额外利润。在这样的市场环境下，消费者可以获得最优的剩余，整个市场的福利水平也是最佳的。

曾经，古典经济学对于完全竞争市场的假设不过是一种服务于理论需求的假设，而电商平台的出现和兴起，使这一假设前所未有地在现实中得以实现。电商平台通过技术手段，极大地降低了市场信息不对称程度和交易成本，彻底改变了人们的购物方式。

在淘宝、天猫等平台上，消费者可以轻松地对比不同商家的同类商品价格，查看商品详情图片和买家评价。十几年前，如果想买一件时髦的外套，很可能要坐几个小时的车去批发市场，在密密麻麻的店铺间穿梭比价，还要担心质量好坏。而如今，只要打开手机淘宝，输入“羽绒服”，立刻就能看到数千款商品，不同的价位、品牌、款式一目了然。想要保暖性好的？筛选“90%以上含绒量”。担心版型不好看？直接查看买家晒图。觉得价格偏贵？可以设置价格区间，或者等“双十一”再入手。从挑选到下单，短短几分钟就能完成，商品很快就会送到家门口。这种购物体验，在批发市场时代简直无法想象。

信息的高度透明让价格比较变得轻而易举，搜索引擎和智能推荐系统让产品信息触手可及。你可能早已习惯了在购物前货比三家，看看同款商品在不同店铺的价格，浏览买家的使用体验。有时候还会发现，某个店铺的同款商品居然比专柜便宜一半。当千万消费者都能轻松获取和对比商品信息时，销售渠道的溢价就无法维持，商家不得不通过更优惠的价格和更好的服务来争取顾客。与此同时，支付宝等第三方支付工具和快递物流体系的完善，又大幅降低了交易成本。这背后正是电商平台和现代物流业创造的“完全竞争”环境。

这种变革给千家万户带来的福利是显而易见的。在偏远地区，人们不再受限于本地有限的商品，足不出户就能买到品质优良、价格实惠的服装。曾经只在一线城市专柜才能买到的品牌服装，现在通过电商平台就能直达全国各个角落。物流体系的完善更是让“天猫国际”“京东全球购”等跨境电商平台成为可能，让普通家庭也能轻松买到来自全球的优质商品。

年轻一代的购物体验也发生了天翻地覆的改变。小红书、抖音等新型社交电商平台不断涌现，通过算法推荐、种草分享，为消费者打造个性化的购物体验。无论是韩系甜美风还是欧美街头风，用户都能在茫茫商品中迅速锁定目标。“双十一”“618”等购物节更是成为全民狂欢，不仅能享受到史上最低价，还能感受到淘货的乐趣。

在这样的市场环境下，传统批发市场赖以生存的信息差和渠道优势被极大压缩。过去，只有实地考察才能了解到的产品和价格信息，现在只需动动手指就能获取。区域代理、多级分销等传统商业模式失去了存在的基础。即便是一些转型电商的批发商，也很难在激烈的线上竞争中胜出——没有渠道溢价和信息差，利润率自然无法维持在过去的水平。

这种变革深刻影响着整个服装产业链。在供应链端，制造商开始更多地关注产品设计和质量，而不是依赖渠道溢价。许多服装企业开始打造自己的品牌，通过产品差异化来获取竞争优势。在零售端，传统的批发—零售模式正在被品牌直营、网络直销等新型模式取代。

然而，这种转型并非易事。对于年纪较大的批发商来说，重新学习电商运营知识、适应新的商业模式存在较大困难。即便是年轻一代的经营者，也面临着激烈的线上竞争。在完全竞争的市场环境下，想要脱颖而出需要投入大量资源打造品牌、提升产品力，这对于习惯了传统批发模式的商户来说是巨大的挑战。

与此同时，没有了层层加价的压力，一些有实力的制造商开始专注于产品创新和品质提升。国产服装品牌正在崛起，从最初的粗制滥造到现在的精益求精，让“国货之光”不再是一句空话。某些细分领域的国产品牌甚至已经达到了世界一流水准，在国际市场上也占有一席之地。

这些变化折射出的是整个中国零售业的转型升级。从最初的马路经济、地摊经济，到规模化的批发市场，再到如今的电商经济，每一次业态演进都带来了效率的提升和成本的下降。虽然这个过程中难免有“阵痛”，但这种创造性推动着整个行业向着更高效、更现代化的方向发展，最终带来的是整个社会福利的提升，是中国经济发展给普通人带来的实实在在的获得感。从“买得到”到“买得起”，再到“买得好”，老百姓的生活品质在不断提升。

让老百姓能买到更好的商品、过上更好的生活，才是经济发展的终极目标。在这个意义上，电商平台的崛起是一个典型的“帕累托改进”——它让消费者获得了更多福利，同时也为那些愿意拥抱变革的商家创造了新的机遇。

与此同时，在这场变革中，一些传统商家开始探索转型之路。他们尝试发展仓储物流、打造产业集群、构建线上线下融合的新零售模式，在不同的市场选择了不同的应对策略。一些商家选择向品牌商场转型。在北京，天雅女装和新世纪大厦已经转型为创意设计、时尚发布和互联网＋体验购物中心。在上海七浦路，一些市场也在谋求改变。凯旋城将自己改造成“首尔时尚中心”，主打年轻、时尚路线；圣和圣则通过零租金的方式吸引设计师入驻，希望打造一个新型的设计师品牌集合空间。

然而，转型之路并非一帆风顺。在北京，转型后的市场商户数量减少了一半以上；在上海，许多传统商户对于转型后的高端商场望而却步。特别是在七浦路，由于大多数市场采用小产权制度，店面都已经出售给了个体商户，这使整体改造变得异常困难。“很多人的身家性命都在里面”，这句话道出了转型过程中最棘手的问题。

另一些市场则选择发展自己的电商平台。但受限于运营能力和资源投入，成效并不理想。传统商户往往缺乏线上运营经验，也不愿意投入额外的人力物力。还有一些市场选择了区域扩张。比如海宁皮革城，在全国多个城市建立连锁市场。但这种扩张也带来了新的问题，导致市场间的恶性竞争，进一步稀释了已经不多的客流。

尽管传统批发市场正在衰落，但服装产业的未来正在经历一场前所未有的变革。新技术的发展为这个传统行业注入了新的活力。5G、物联网等数字技术正在重塑整个产业链，从设计师的灵感迸发到工厂的智能制造，再到终端的个性化销售，数字化浪潮正在让整个产业焕发新生。

过去，服装制造遵循的是标准化、规模化的生产模式，一件衣服可能要生产数千件才能降低成本。而今天，智能制造技术让私人定制不再是奢侈品的专属。消费者可以通过 3D 建模技术在线调整版型，选择自己喜欢的面料和细节，这些个性化的需求可以直接传输到智能工厂，通过柔性生产线实现规模化定制。这种从“制造”到“智造”的转变，正是中国服装产业升级的缩影。

同时，环保理念的深入人心也在推动行业的可持续发展。越来越多的品牌开始使用有机棉、再生纤维等环保材料，一些企业甚至建立了旧衣回收体系，将废旧服装变成新的面料。这种循环时尚的理念不仅响应了全球环保趋势，也为产业发展开辟了新的蓝海。

一些地方开始规划建设时尚创意产业园，吸引设计师工作室、服装品牌研发中心等高附加值业态入驻。这些园区不再是简单的商品交易场所，而是融合了创意设计、品牌孵化、时尚展示等多元功能的产业集群。通过产业链的整合和升级，这些地方正在重新定义自己在服装产业中的角色。

新零售模式的兴起则让消费体验更加丰富多彩。实体店不再是单纯的销售终端，而是借助数字技术打造沉浸式的购物体验。智能试衣镜让顾客足不出户就能试穿各种款式，大数据分析则能根据消费者的个人特征推荐合适的搭配。线上线下的深度融合，不仅提升了购物体验，也让商家能够更精准地把握消费者需求。

这些变化勾勒出了服装产业的美好未来：个性化定制满足了人们对于独特性的追求，智能制造则让这种个性化不再昂贵；环保理念的践行让时尚不再是环境的负担；产业集群的转型升级为创新提供了沃土；而新零售模式则让消费变得更加便捷愉悦。在这个充满机遇的新时代，中国服装产业正在完成从“制造大国”向“创造大国”的转变。

“动批”的谢幕，象征着一个时代的结束。但这并不意味着服装产业的衰落，而是新旧动能转换的必然过程。在这个过程中，一些传统业态会消失，但新的商业模式也在不断涌现。未来的服装产业，必将在创新中找到新的增长点，在变革中实现新的飞跃。这不仅是一个行业的进化史，更是中国经济转型升级的发展史。

从中山装到“的确良”：日常着装中的经济印记

中国改革开放前后的服装变迁，是一部生动的社会变革史诗。在这场历史性的转型过程中，服装不仅是遮体蔽寒的生活必需品，更是一面映照社会变迁、经济发展和文化嬗变的多棱镜。从计划经济时期的“三色装”到改革开放后的“的确良”热潮，再到今天以李宁、波司登为代表的中国服装品牌在国际上的流行——中国老百姓的“衣”见证了一个泱泱大国的改革发展历程。

服装作为物质文明与精神文明的重要载体，其演变轨迹深刻反映了特定历史时期的社会生产力水平、意识形态取向和文化价值取向。从社会学的视角来看，服装是个体身份认同和社会阶层区隔的重要符号；从经济学的维度而言，服装消费的变迁折射出供给侧改革与需求侧升级的互动关系；从文化研究的层面观之，服装潮流的更迭展现了中国社会从政治话语主导向多元文化共生的转型过程。

新中国成立 70 余年来，服装产业的发展历程可以清晰地勾勒出中国经济体制变迁的基本脉络：从计划经济时期的短缺与管制，到改革开放后的市场化与多样化，再到新时代的品牌化与国际化。这一进程不仅体现了中国制造业的整体升级，更映射出中国社会从“温饱型消费”向“品质型消费”跨越的深刻变革。

回望这段历史，服装的变迁既是经济发展的晴雨表，也是社会进步的风向标。它不仅记录了普通百姓日常生活的点滴变化，更见证了一个民族在现代化进程中的艰辛探索与辉煌成就。这种变迁既有物质层面的跨越，也有精神层面的升华，是中国特色社会主义发展道路的生动注脚。

中山装与布票

1949—1978 年的计划经济时期，中国经历了从新生到探索、从贫困到奋进的艰难历程。在这段特殊的历史时期，服装这一最基础的生活必需品，超越了其基本功能，成为观察社会变迁、了解经济发展、体察民生状况的一面独特镜子。通过研究这一时期的服装变迁，我们可以清晰地看到计划经济体制下社会生产力的发展水平、人民生活的变化轨迹，以及意识形态对日常生活的深刻影响。

新中国成立伊始，服装首先承担起了彰显新政权、树立新风尚的重要使命。昔日盛行的西装、长衫与旗袍代表着旧式生活方式，是半殖民地半封建社会的历史印记，在新时代的浪潮中逐渐淡出人们的视野，取而代之的是中山装、干部装等具有革命色彩的新式服装。这一转变绝非简单的着装习惯改变，而是整个社会在政治、经济、文化等方面深刻变革的直观体现。

值得注意的是，新中国成立初期的服装变革，既要满足建设新政权的政治需求，又要适应百业待兴的经济现实。在这种情况下，中山装以其独特的优势成为这一时期最具代表性的服饰。开国大典上，毛主席身着特制中山装庄严宣告中华人民共和国成立，由此奠定了新中国成立初期的着装基调。

孙中山曾认为，西服虽好，不适应我国人民的生活，正式场合会见外宾有损国体。传统服式，形式陈旧，又与封建体制不易区别，因此产生了设计制服的动机。中山装是 1925 年 4 月广州革命政府为了纪念孙中山先生而将他创导的制服命名的服装，其由中山先生设计并率先穿着而得名，问世后得到了社会各界人士的广泛效仿。

从经济学角度看，中山装的设计既保留了传统服装的某些元素，又吸收了西服的实用特点，既能节约面料成本，又便于批量生产。这种考虑与新中国成立初期百废待兴、物资匮乏的客观现实完全契合。

中山装的每一处设计都寓意深刻。中山装在版型设计上对中西服装特点进行了融会贯通，整体造型均衡、对称、稳重，且穿着十分便利，活动自如。服装的每一处设计都带有强烈的政治色彩，庄重大方：立领对襟，寓意严谨治国的政治理念；前襟有五粒纽扣，代表着五权分立；共有四个口袋，象征礼义廉耻；口袋盖形似倒笔架，寓意着以文治国；袖口有三粒纽扣，暗示着民主、民权、民生的三民主义；后片不开缝，代表着国家和平、统一。从苏区时期开始，当时的中共领导人也普遍穿着中山装，并延续到了新中国成立时，使中山装跨越了时代的局限，在中国的社会生活中拥有了持久的活力与生命力。①

新中国成立后，基于政治寓意和实用考量，当时的人们开发出了多种中山装的变体。干部服去掉了后背中缝、腰带和袖扣，采用平贴口袋；人民装则将领角改尖，加大领围，微收腰身，因为深得毛主席青睐，被国外称为“毛式服装”。此外还衍生出青年装、学生装等多种款式，每种都有其独特的设计特点。

20 世纪 50 年代，随着社会主义改造的深入推进，服装生产和消费都被纳入计划经济体系之中。这一转变在服装行业表现得尤为明显：私营服装店转为国营或公私合营，个体裁缝并

① 廖军，许星．中国服饰百年［M］. 上海：上海文化出版社，2009：87.

入服装合作社，产品款式、价格、原料分配都由国家统一安排。这种体制转变直接影响了人们的着装选择。过去参与公私合营的商人纷纷主动换下西装，改穿中山装以表明政治立场。这一现象从侧面反映了当时我国从新民主主义向社会主义过渡的历史进程。服装店开展改制业务，将旧式西装和长袍改制成新式服装，既是适应新时代政治要求的需要，也是在物资紧缺条件下的务实之举。

一方面，在确立社会主义公有制的同时，我国社会结构也发生了根本性变化。工人阶级被赋予领导地位，成为社会的中坚力量。这种改变直接反映在着装文化上：原本仅用于车间工作的工装裤一跃成为最受欢迎的日常服饰，彰显着“工人阶级领导”的政治理念。这种转变的背后，折射出新中国成立初期在经济建设中对重工业的优先发展策略，以及由此带来的整个社会价值观念的深刻变化。

另一方面，新中国成立初期，百业待兴，全民投入轰轰烈烈的建设热潮。在这样的背景下，对耐用、实惠、便于劳动的服装需求激增。工装裤以其独特的设计特点完美契合这一需求：宽松的剪裁、实用的多个口袋、耐用的背带设计，采用坚固的蓝灰色面料。其设计特点包括宽大的裤型、配有护胸袋的上身部分以及可调节的背带系统。面料多选用结实的劳动布、卡其布等耐磨材质。

从经济角度看，这种服装选择体现了当时“厉行节约、反对浪费”的勤俭新中国成立的方针。工装采用的劳动布、卡其布等耐磨材质，不仅价格低廉，而且经久耐用，既节约了稀缺的纺织原料，又减轻了普通工人的经济负担。这种将工作服延伸为日常装的现象，既是计划经济条件下物资匮乏的无奈之举，也反映了一切围绕工业化生产的时代特征。

工装通常搭配简约的衬衫，可选择长袖或短袖款式，以白色、淡色和条纹为主。脚下常穿着被称为“解放鞋”的胶鞋，配上蓝色的“解放帽”和白毛巾，构成了典型的劳动者形象。在工人阶级地位突出的年代，这种装扮成为时尚的代表，许多国企还为员工统一配发工作服，甚至儿童服装也采用类似的设计元素。

特别值得注意的是，工装文化在女性群体中的普及具有更为深远的社会意义。新中国成立初期的电影作品中频繁出现女性劳动者身着粗布工装的形象，这不仅是对现实生活的艺术再现，更蕴含着深刻的政治经济内涵。

从经济层面看，这反映了新中国成立后女性大规模参与社会劳动的历史进程；从政治层面看，则体现了“妇女能顶半边天”等革命理想的实践。越来越多的女性摒弃旗袍等传统服饰，转而选择实用的工装，既是生产方式改变带来的必然结果，更展现了女性通过劳动获得社会认同的历程。工装由此成为新中国女性独立自主的重要象征，印证了“妇女能顶半边天”的时代口号。①

20 世纪 50 年代，“中苏友好”是当时我国外交的主要特征，这一特征自然也反映在了服装特点上，更为丰富的服饰元素出现在中国的街头。届时的苏联不仅是中国走工业化道路的榜样，其生活方式也对中国产生了深远影响，苏联风格的服饰在中国城市大受欢迎。

列宁装标志性的西装大开领、双排扣，以其革命色彩浓厚的设计特点，在党政机关工作人员中广受欢迎。在党政机关和“五七干校”的女干部中，这种既能体现革命性又不失女性特征的装束格外受欢迎。这种服装选择既反映了当时我国在政治、经济、文化等方面全面学习苏联的时代特征，也体现了国家力图通过改变民众日常生活方式来推进社会改造的施政思路。

“布拉吉”在当时则是另一种在女性中风靡一时的苏式服装。这种收腰款式的连衣裙，因其简单大方、凸显女性身材的特点，从几岁的小女孩到中年女性都对其青睐有加。1953 年，随着大量苏联大花布的进口，新中国政府提出“爱国穿花布”的口号，试图通过外贸方式促进中苏友谊，一度将这种亮丽的

① 史静. 新中国·女性·体育电影 [J]. 电影艺术，2008 (4).

服饰风格推向高潮。这种将意识形态渗透到民众日常着装选择中的做法，是计划经济时期政治统筹经济社会生活的典型案例。

在今天的中国，如果谈到对改革开放前的流行服装的印象，很多人或许会觉得这一时期的服装一直是一片“蓝、灰、黑”的海洋。然而，这是一种典型的误解，事实并非如此。在这看似单调的服饰世界中，20 世纪 50 年代中期曾出现过一段短暂的“百花齐放”时期。

20 世纪 50 年代中期，伴随着“百花齐放、百家争鸣”方针的提出，服装领域也迎来了一段相对多样的时期。当时的纺织工业部副部长张琴秋专门撰文，批评“干部制服”一统天下的现象，呼吁服装款式的多样化，这一观点获得了政府的支持。在国家的倡导下，“爱劳动穿花衣”的口号开始在城市街头响起。这一变化从经济角度反映了我国完成社会主义改造后，工业生产能力的提升和居民消费需求的增长，从社会角度则体现了人民群众对美好生活的向往和追求。

1956 年，北京前门大栅栏开设的第一个专营妇女服装的商店，一度展示了近 3000 种服装款式，从十几岁的小姑娘到六七十岁的老人都能找到合适的服装。在北京大学等高校，甚至出现了提倡女同学穿花衣裳的大字报，由此还流传着“西语系洋里洋气，历史系古里古气，中文系傻里傻气”的顺口溜。旗袍也在这一时期经过改良后重现街头，以其素雅和谐的风格，配合外罩背心的穿法，展现出新时代女性的气质。

这些现象表明，即便在计划经济体制下，市场对商品多样化的需求依然存在，人民群众对个性化生活的追求从未停止。经过改良的旗袍在这一时期重现街头，以其素雅和谐的风格，配合外罩背心的穿法，展现出新时代女性的气质。这种服饰的回归不是对过去的简单复制，而是在新的历史条件下对传统文化的创造性转化。

然而，这种服饰文化的繁荣是短暂的。1958 年大跃进运动开始，加之三年自然灾害的影响，整个社会重新强调艰苦朴素，服装的政治色彩更加浓重。法国记者罗伯特·吉兰在《蓝蚂蚁——红旗下的六亿中国人》一书里，这么描述当时的中国："不管走到哪里，人们都穿着蓝布衣服。一群群人，一个个都像是刚从蓝墨水中洗澡出来，一身去不掉的蓝色。"

为了应对物资匮乏，国家实行了严格的布票制度。这一时期的布票发放数量清晰地反映了国民经济的波动：1954 年北京每人每次可获 17 尺 3 寸布票，足够成人制作一套蓝布制服；而到困难时期的 1961 年，每人的布票配额骤降至仅供缝补用的 2.5 市尺。布票制度的实施既是计划经济条件下分配制度的缩影，也是特殊历史时期国家宏观调控的必然选择。

在极度困难的物质条件下，中国人民展现出非凡的智慧和创造力。"一衣多用"成为普遍现象，冬天的棉袄到了春天取出棉花当夹衣穿；服装店开展各类翻新改制业务，一件男士长绒褂可以改制成数十种不同服装；“假领子”的发明让人既省布料又显体面，仅用一小块布就能营造出完整衬衫的效果。这些看似简单的创新，实际上反映了中国人民在困境中的自强不息、艰苦奋斗精神，也为日后改革开放时期轻纺工业的发展积累了宝贵经验。

1966—1976 年，服装的政治化达到了顶峰。军便服迅速成为最热门的时尚服装，它不仅体现了革命化、军事化和战斗化的特征，更成为一个时代的精神符号。1968 年知识青年上山下乡运动开展后，这种军事化着装更是从城市蔓延到农村，成为整个社会的主流装束。

在“破四旧”运动中，红卫兵对“奇装异服”进行大规模清剿，一切被视为资产阶级的服饰元素都遭到批判。服装的审美化、个性化受到压制，被斥为“剥削阶级的思想”。这种极端做法严重抑制了纺织服装业的创新发展，导致产品同质化严重，既不利于满足人民群众日益增长的物质文化需求，也制约了相关产业的进步。从更广泛的意义上说，这反映了计划经济体制下产品供给与市场需求之间的深层次矛盾。

女性装扮在这一时期也发生了重大改变。越来越多的女性剪去长发，换上军装式样的制服。“铁姑娘”“娘子军”取代了“美丽女性”的称谓，服装的性别特征趋于淡化。这种现象表面上体现了男女平等的革命理想，实则是对个体差异的过度否定，反映了这一时期“以阶级斗争为纲”对正常社会生活的扭曲。这种状况一直持续到20世纪70年代中期，人们对军装的狂热才逐渐降温。

回顾这段特殊的历史时期，服装的变迁为我们打开了一扇观察计划经济时代的独特窗口。从中山装的时代变迁，到布票时代的艰难生存，从劳动人民的智慧创造，到“文革”时期的极端军事化，服装演变的每一步都清晰地映射着社会经济生活的方方面面。这段历史告诉我们，服装不仅是一种生活必需品，更是社会发展、经济状况、政治取向和文化变迁的直观体现。直到改革开放的春风吹来，服装才逐渐摆脱了过度的政治色彩，开启了一个全新的发展阶段。

这段历史给我们的启示是：经济发展必须立足于满足人民日益增长的美好生活需要，过度的行政干预和政治影响不仅会扭曲正常的经济规律，也会制约社会的全面进步。正是在总结这段历史经验的基础上，改革开放后的中国才开始探索一条更符合经济发展规律的现代化道路。

从“蓝蚂蚁”到“的确良”

1978年改革开放前夕，法国记者罗伯特·吉兰笔下的中国是一片“蓝色的海洋”。人们身着蓝色咔叽布制服，年轻姑娘也与男子一般装扮，整个社会仿佛一座“蓝蚂蚁”的巢穴。这种状况一直持续到改革开放之初。

然而，变革的暗流已经悄然涌动。喇叭裤的出现，成为这一时期最具标志性的服装革命。至今，喇叭裤最初究竟是如何被发明的已经无从考证，它的裤型上细下宽，裤脚约一尺宽，臀部设计十分紧凑，低腰短裆，拉链位于正前方，款式不分男女。这种裤子一经出现就刷新了几十年以来中国人对服装的认知，最令传统者难以接受的是其正前方的拉链设计，被认为是“不男不女，颠倒乾坤”。在 1978 年的中国，穿喇叭裤甚至被视为“追求资产阶级生活方式”的表现。然而，正是这条备受争议的裤子，吹响了服装革新的号角。

随后，牛仔裤、健美裤等新式裤装相继流行，特别是源自美国西部的牛仔裤，因其耐穿耐脏、潇洒大方的特点，迅速在青年群体中流行开来。健美裤在 20 世纪 80 年代也非常流行，特别是在女性群体中。它的特点是上宽下窄，可以显示出女性修长的腿部曲线，是当时时髦的象征，唤醒了中国女性的审美和独立意识。

改革开放以后，我国迅速发展的体育事业也深度影响了当时的服饰文化。1984 年，中国女排在奥运会上实现了“三连冠”，充分增强了国人的民族自信心。受此影响，运动装也在人民群众中流行起来，以蓝色为主，通常在侧面带有“三条杠”，与女排的三连冠或许有一定的关系。运动装的流行直到今天依然留下了深刻的影响，如今我国中小学的校服以运动装为主，这就是当时运动服流行留下的历史惯性。

1978 年改革开放政策的实施，不仅是中国经济发展的重要转折点，更在服装工业和百姓生活方式上掀起了一场静默的革命。在这场变革中，一种名为“的确良”的化纤面料，成为那个时代最鲜明的符号，见证着中国从物质匮乏走向物质富足的历程。

新中国成立初期，百姓的穿衣问题一直是困扰国家的重要民生议题。在温饱尚且成问题的年代，有限的土地资源必须优先保障粮食生产，导致棉花种植面积受限，纺织品长期处于紧缺状态。正是在这样的背景下，化纤面料的引进被提上议程。国家领导人提出“能不能搞点化纤”的设想，既是为了解放土地资源用于粮食生产，也是为了缓解百姓的“穿衣苦”。

“的确良”这个源自英文“Dacron”的译音名称，在 20 世纪 70 年代成为时髦的代名词。其实的确良早在 20 世纪 30 年代就已诞生于美国杜邦公司的实验室中，是首席科学家卡罗瑟斯以石油为原料，通过聚合作用研制出的高分子材料之一。这种涤纶纺织物最早在 20 世纪 50 年代于国际市场流行，以其独特的优势在中国掀起了一股持续近 20 年的热潮。它不仅可以纯纺，还能与棉、毛混纺，具有质地挺括、结实耐磨、色彩鲜亮、不易起皱、易洗快干等特点，为当时沉闷的服装世界带来了一股清新之风。

上海作为“衣被天下”的纺织重镇，较早开始了“的确良”的研发工作。1958 年，我国自主研发的尼龙在上海诞生，这是中国最早的合成纤维。进入 20 世纪 60 年代，上海开始了“的确良”的试制。

然而，由于当时国内尚未具备从石油到化纤的完整生产能力，主要依靠进口聚酯切片来生产涤纶纤维。一粒如米粒大小的切片，价值就高达 3 分钱，相当于一只大饼的价格，这使早期的“的确良”产品主要用于出口创汇，普通百姓难觅其踪。

直到 20 世纪 70 年代，随着国家大力发展化纤工业，加之石油产量增加和化学工业的发展，“的确良”才真正走进寻常百姓家。1972 年，中国政府下定决心解决老百姓的穿衣难问题。在毛主席和周总理的批示下，国家开始引进石油化工装备，着手打通化纤工业的全产业链。上海石油化工总厂的建设就是在这样的背景下启动的。这个被称为“金山大会战”的工程，汇聚了 5 万名建设者，在一片白茫茫的海滩上，艰苦奋斗，用锄头铁搭、肩挑人扛的方式，建起了新中国第一座大型石油化工联合装置。

随着上海石化等“四大化纤”项目的建成投产，“的确良”终于从紧俏商品走进了寻常百姓家。它不仅以其挺括、耐穿、易洗快干的特点深受欢迎，更重要的是，它让人们告别了“大改小、旧翻新、补丁摞补丁”的穿衣日子，告别了早期流行的“假领子”现象。

这种面料的稀缺一度造就了独特的购物景观。当时，在上海石门二路的红缨服装店，一批“的确良”衬衫上架便引发哄抢，甚至导致店铺橱窗被挤碎，甚至造成了1死6伤的惨剧；北京王府井益民商店的出口转内销服装同样万人空巷，顾客们常常要排队数小时才能如愿购得。更重要的是，“的确良”不需要按实收布票，而是打折收取，这一政策极大地方便了布票紧缺的百姓。①

到了20世纪80年代，“的确良”的普及达到顶峰。年轻人的标配是“的确良”衬衫、“涤卡”中山装和“涤卡”裤子。新华社的报道中曾提到，连周恩来总理接待外宾时也身着国产“的确良”，这种面料俨然成为那个时代精致生活的象征。街头巷尾，身着蓝布裤配白球鞋的男孩，穿着“的确良”白裙的姑娘，构成了一幅生动的城市风情画。妇女们开始涌向百货商店选购衣料，卷发和烫发渐渐兴起，理发店门前的长队见证着人们对美好生活的追求。

① 邵大星，马茂兰．这块曾今风靡一时的“的确良”，推动了中国人的“穿衣革命”［EB/OL］．澎湃，（2023－06－28）［2024－12－15］．https：//www.thepaper.cn/newsDetail_forward_23635381.

然而，随着20世纪80年代中期人民生活水平的提高，对服装舒适度的要求也逐渐提升，“的确良”的局限性也日渐显现。它不透气、不吸汗的特点使其最终让位于舒适感更强的纯棉织品和丝绸。但是，作为中国特殊历史时期的一个符号，“的确良”不仅终结了此前“缝缝补补”的穿衣岁月，更是见证了一个时代从物质匮乏走向生活富足的转变历程。在中国服装工业发展的历史长河中，它永远是一段难以磨灭的独特记忆。

1979年，一个标志性的年份，在中国服装业的发展史上留下了浓墨重彩的一笔。这一年的变革，不仅是服装形制的改变，更是一场深刻的社会观念转型。年初，邓小平访美期间戴上白色牛仔帽的举动，在当时的政治语境下显得格外醒目。这顶帽子超越了简单的着装选择，成为一个具有深远寓意的政治符号。它暗示着中国开始以更加开放的姿态拥抱世界，也为服装界的突破性尝试提供了重要的政治注解。

在这种新气象的催化下，1979年3月，法国时装大师皮尔·卡丹在北京民族文化宫举办了新中国第一场时装表演。这场演出的筹备并非一帆风顺。最初，由于种种顾虑，相关部门对这一前所未有的尝试显得犹豫不决。直到看到邓小平戴牛仔帽的新闻报道后，官员们才敏锐地把握住了这个政治暗示，迅速批准了演出计划，但附加了诸多限制性条件：演出不得对外宣传报道，观众仅限于“思想素质过硬”的外贸界、服装界官员及专业人士。

当8名法国模特和4名日本模特走上临时搭建的T型台时，现场气氛异常凝重。几百名身着蓝灰制服的观众屏息凝视，这种强烈的视觉反差本身就是一个时代的缩影。然而，就是这场规模有限的演出，在无形中撬动了禁锢已久的审美观念，为中国时尚界打开了一扇新的大门。

受此启发，上海服装公司经理张成林大胆提出组建中国第一支时装模特队的构想。这个想法得到了时任上海市手工业局局长刘伟胜的支持，但具体实施过程充满挑战。从选拔标准的制定到队员的招募，都面临着重重困难。最终确定的条件是：男演员身高需在179厘米以上，女演员身高需在165厘米以上，且要符合特定的体型要求。

这支模特队的组建过程，折射出了当时社会观念的转型阵痛。许多入选者面临着来自家庭的强烈反对，有的甚至不敢向亲人透露真相。训练场地也屡次搬迁，从最初的库房到潮湿的仓库，前后搬迁多达9次。队员们在艰苦的环境中坚持训练，直到1980年底终于获得专业时装表演队的正式身份。

1981年2月9日，模特队在上海友谊剧场举行了首场公开演出。尽管演出开场时观众稀少，但结束时却赢得了如雷的掌声，特别是来自纺织学院学生的热烈反响让所有付出得到了回报。此后，他们频繁出现在各类时装博览会、订货会上，甚至帮助处理了大量积压面料，展现出时装表演在商业领域的实际价值。1983 年，模特队受邀进入中南海表演，这次演出在《人民日报》等主流媒体的报道下引起轰动。紧接着，时任党总书记的胡耀邦公开穿着中国制造的西装，更坚定了业界对服装改革的信心。

1984 年，布票制度的正式取消标志着计划经济时代结束。服装市场开始走向自由化，国营、集体和个体服装店并存，为消费者提供了更加丰富的选择。同时，来自中国香港、日本等地的服装款式也开始通过各种渠道进入内地市场，带来了全新的审美理念和消费观念。这一系列变革，最终推动中国服装业走向了一个崭新的时代。

同年，一部名为《街上流行红裙子》的电影在全国引发轰动。影片讲述了一位纺织厂女工与红裙子之间的故事，象征性地揭示了人们对美的渴望与追求。这部电影掀起了一股"彩色裙子热"，《中国纺织报》登载题目为《北京流行黄裙子》的文章，文章说："当时对行情反应灵敏的个体服装摊贩，迅速推出一批黄裙子。在西单夜市上，放眼望去，一排排黄裙子犹如一丛丛盛开的黄玫瑰……"电影中的红裙子成为一个标志，将中国女性从灰暗单调的服饰中解放出来，开启了服装多样化、多彩化的新纪元。①

在男装方面，西装的回归之路则显得格外顺畅。这与改革开放后中国领导人的示范作用密不可分。胡耀邦是改革开放后第一个穿西装的领导人之一，他不仅自己以身作则，还积极倡导：要把中国人民打扮得整齐、干净、漂亮一点。到 1987 年，中共第十三次全国代表大会闭幕式上，新当选的中央政治局常委更是清一色地着西装，将这股“西装热”推向顶峰。

这种现象的出现，实际上与西装在新中国的特殊历史渊源密切相关。在改革开放之前，作为党和国家最高领导人的毛泽东同志始终未曾穿着西装，即便是在对苏联的两次出访中，他依然选择了毛式中山装。除了周恩来、陈毅等少数因工作需要偶尔穿着西装的领导人外，中山装一直是中国国家领导人的标配服饰。

改革开放后，为了向世界展示中国的开放姿态，中国领导人开始在公开场合穿上西装。1978 年，时任中央党校副校长的胡耀邦就以一身西装的装扮出现在党校，在清一色中山装的教师学员中格外醒目。面对学员们的赞叹，他更是鼓励道：“东方人穿西装，西方人也可以穿中服。毛泽东还提倡向西方学习，好的东西都可以学。”1983 年担任中共中央总书记后，

① 张南. 新中国成立以来城市居民日常生活变迁研究 [D]. 北京：中共中央党校，2020：45 – 46.

他更是将西装带进了中南海和人民大会堂。

在领导层的示范效应下，加之对外交往日益频繁的客观需求，一股“西装热”迅速在全国蔓延开来。各机关单位纷纷为职工发放或优惠定制西装，一些高校也采用西装式样的校服。婚礼上，新郎的礼服也开始普遍采用西装。然而，这股热潮很快演变成了一场狂热。全国各地的服装厂纷纷投产西装，导致原料供不应求，各种仿制面料应运而生。最终，西装生产反而供大于求，大量积压的西装不得不以极低的价格出售，甚至出现了用西装抵工资的现象。

更值得关注的是，由于缺乏相应的着装文化熏陶和规范指导，西装在实际穿着中往往显得不伦不类。有人不撕商标以显示名牌，有人将西装前襟两粒纽扣全部系上，还有人内着花格子衬衣却不系领带。西装被过度简化为一种时尚符号，其原本象征的正式与庄重反而淡化了。这种现象从一个侧面折射出改革开放初期中国社会在接纳西方文化时的急切与生涩。

不过，这股“西装热”的意义远不止于服饰层面。它是中国改革开放的一个缩影，体现了社会对改革的强烈渴求。从领导人到普通百姓，从城市到乡村，西装的普及程度远超民国时期，甚至出现了农民工穿西装干活的独特景观。这种看似失序的现象，恰恰印证了改革开放初期中国社会剧烈变革的特殊历史语境。

在中文的语境中，服装不仅是蔽体的工具，更承载着特定的文化内涵和时代意义。从统一的蓝色到绚丽的彩装，从单一的款式到多元的选择，这些变迁既是经济发展的缩影，也是社会进步的见证。服装消费的升级不仅满足了人们日益增长的物质需求，更重要的是反映了人们对美好生活的向往和追求。

品牌意识的觉醒

进入20世纪90年代，随着市场经济的深入发展和改革开放的不断推进，中国服装业迎来了一个崭新的发展阶段。这一时期最显著的特征是服装消费的全面多元化，这不仅体现在品牌选择、款式设计上，更深刻反映在人们对服装的认知和追求方面。这种变化是社会进步和经济发展的必然结果，也反映了人们生活方式和价值观念的深刻转变。

1991年，作为改革开放初期的先行者，皮尔·卡丹成为第一个进入中国市场的国际品牌。紧随其后，众多国际品牌相继落户中国。与此同时，以雅戈尔、红豆为代表的本土服装品牌也开始崭露头角，逐步确立了自己的市场地位。这种百花齐放的竞争格局，为消费者提供了前所未有的选择空间。

伴随着经济的迅速发展和人们生活水平的显著提升，服装消费呈现出鲜明的个性化特征。20世纪90年代初期，“文化衫”的流行就是一个典型例证。这种在圆领汗衫上印制各种文字或图案的服装，成为年轻人展示个性和表达情感的重要载体。从“太阳最红，毛主席最亲”这样的怀旧风格，到“我很丑，但我很温柔”这样的自我调侃，文化衫上的文字折射出那个时代年轻人丰富的精神世界。

服装市场的细分也在这一时期达到了新的高度。从年龄层次来看，童装、男装、女装、中老年装各有特色；从功能性区分，职业装、休闲装、家居服及礼服等品类完备；从面料选择看，不仅有传统的棉、麻、丝、毛等天然材质，还出现了莱卡、暖卡、大豆纤维、竹纤维、纳米材料等高科技产品。这种细分不仅满足了不同消费群体的需求，也推动了服装产业的专业化发展。

服装流行元素的多元化更是达到了前所未有的程度。除了欧美、港台、日本等传统的时尚影响力量，20 世纪 90 年代还出现了韩国时尚的强势崛起。从最初的“乞丐装”到后来的清新韩风，韩国时尚在中国掀起了一波又一波的潮流。尽管遭到一些质疑，但社会对这种另类时尚的包容度显著提升，这与 20 世纪 80 年代人们对喇叭裤、牛仔服的态度形成鲜明对比。

20 世纪 90 年代中期以后，品牌意识逐渐深入人心。据统计，1990 年中国城镇居民人均服装消费支出为 170. 90 元，到 2000 年已增至 500. 46 元，2006 年更是达到 901. 78 元，消费能力的提升直接推动了品牌服装市场的繁荣。在北京等大城市，各类品牌专卖店如雨后春笋般涌现。1994 年，北京就已拥有超过 50 家高档时装店。以北京王府饭店的杰尼亚服装专卖店为例，尽管其 6800 元一件的时装上衣、1500 元的西裤价格不菲，但仍有 30%—40% 的顾客是中国人，这种现象在当时引起广泛关注。

休闲服装的发展是这一时期另一个重要特征。1995 年双休日制度的实施，以及 2000 年“五一”“十一”长假的出现，为休闲服装的普及创造了有利条件。T 恤衫作为最典型的休闲服装，其发展历程极具代表性。从最初作为美军内衣，到后来成为街头时尚，T 恤衫的演变反映了服装文化的变迁。对于中国消费者而言，T 恤衫最早受到白领阶层青睐，他们摆脱了传统衬衣的束缚，追求更加轻松自在的着装方式。随后，T 恤衫在设计上不断创新，特别是在女装领域，出现了紧身、“U”形领、超短款等多种变体，满足了不同消费者的需求。

进入 21 世纪后，健康环保理念开始影响服装消费。曾经风靡一时的“的确良”衬衫逐渐退出市场，消费者开始更多关注天然面料。特别是在高科技的加持下，天然面料克服了易皱、不易打理等传统缺点，赢得了市场的广泛认可。彩棉服装的兴起就是一个典型案例。这种不需要化学漂染、天然环保的面料，虽然价格较高，但因其优良的性能和环保特性，仍然受到消费者，特别是女性消费者的追捧。

保健功能服装的发展也是一大亮点。从防紫外线服装、抗电磁波辐射服装，到具有保健功能的中药服装，科技赋予了服装更多实用功能。保暖内衣市场的起伏更是印证了消费者对产品品质的重视。从 1998 年仅有 10 多家企业、销量 300 万套，到 2000 年超过 300 家企业、销量突破 3000 万套，再到后来的市场调整，整个过程展现了消费者日益成熟的品质意识。

回顾这段历程，服装消费的变迁深刻反映了中国社会的整体进步。服装不再仅是蔽体的工具，而是成为人们展示个性、追求时尚、关注健康的重要载体。这种转变不仅体现在消费数据上，更深刻地反映在人们的生活方式和价值观念中。

这些变化还催生了新的商业模式和零售业态。除传统百货商场外，专卖店、品牌折扣店、批发市场等多种零售业态蓬勃发展。1996 年后，一些品牌开始主动降低价格，向“大众名牌”转型。例如“真维斯”休闲装推出每周特价产品，以平民化的价格提供品牌体验，开创了服装零售的新模式。

回顾改革开放以来中国服装业的发展历程，从“有衣穿”到“穿得暖”再到“穿得美”，不仅体现了人民生活水平的显著提升，更折射出社会观念的深刻变革。据统计，1978 年我国居民人均服装消费支出仅为 11 元，到 2000 年已增长至近 500 元。这一变化既展示了中国经济体制改革的成功，也彰显了中国消费市场的巨大潜力。

经济崛起与文化自信：从汉服到马面裙

习近平总书记曾说："文化自信是一个国家、一个民族发展中最基本、最深沉、最持久的力量。"①

这种自信根植于我们5000多年悠久文明的历史积淀，植根于中华民族生生不息、长盛不衰的文化基因，更来源于新时代中国特色社会主义的伟大实践。一股传统文化复兴的暖流开始在社会各界涌动，这种复兴不仅体现在物质层面，更深刻地反映了中华文明在新时代的创造性转化和创新性发展。

在中华民族5000年的文明历史长河中，传统服饰文化始终是中华文化的重要组成部分，承载着民族的审美追求和精神寄托。近年来兴起的汉服文化热潮，正是这种文化自信的集中体现。

在社交媒体上，"汉服照""汉服大赏"等话题频频登上热搜榜。河南洛阳古城已成为年轻人汉服旅拍的打卡胜地，每到周末和节假日，古城内处处可见身着汉服的年轻人。这种现象绝不仅是一种简单的"怀古"情结，而是新时代青年对中华优秀传统文化的自觉传承和创新发展。

---

① 2020年9月8日，习近平总书记在全国抗击新冠疫情表彰大会上的讲话。

这股汉服热潮在2025年春节期间达到了新的高潮。在古都开封，一幕幕生动的场景印证了传统文化的强大生命力。漫步在古城街巷，处处可见身着华服的游人徜徉于历史建筑之间，他们的装扮将千年古都装点得越发绚丽多彩。在清明上河园、万岁山武侠城等标志性景点，传统服饰与历史建筑相映成趣，构成了一幅融合古今的独特画卷。这种现象折射出传统文化在新时代焕发出的勃勃生机。

这股文化复兴浪潮催生了新的商业业态和职业机遇。以开封市半亩园街道为例，一家家精心装饰的汉服体验馆鳞次栉比，蓬勃发展的市场需求让传统服饰文化焕发出前所未有的活力。市场数据印证了这一趋势：艾媒咨询研究显示，2023年中国汉服市场规模已突破140亿元大关，达到144.7亿元，预计到2027年这一数字将接近250亿元。更值得关注的是，传统服饰已深入人们的日常生活场景，从艺术拍摄到旅游观光，从传统节日到日常休闲，汉服正在成为越来越多人展现文化认同的重要方式。①

“汉服妆造师”作为一个新兴职业应运而生，吸引了大量怀揣文化梦想的年轻人投身其中。这些新时代的文化传承者不仅要掌握专业的妆造技能，更需要深入了解传统文化的精髓。

---

① 侯隽．汉服妆造师忙到飞起［J］．中国经济周刊，2025（3）．

他们致力于为每位顾客打造独特的文化体验，从典籍中还原历史造型，在现代审美中重现传统之美。这种职业不仅为年轻人提供了就业新选择，更成为连接古今的重要纽带。

这一文化现象的影响早已超越了单纯的服饰范畴，形成了一个涵盖妆造、摄影、文创、旅游等多元业态的产业链。一件汉服的租赁往往能带动数倍于租金的周边消费，涉及化妆服务、摄影创作、景区游览、餐饮住宿等多个领域。这种产业联动效应生动诠释了文化产业对经济发展的深远影响。

与此同时，传统服饰文化正在成为展示中国魅力的重要窗口。2025 年春节期间，大量海外游客慕名前往开封，沉浸式体验中国传统文化的魅力。他们通过穿着汉服、打卡古迹、分享体验，让世界看到了一个既传统又现代的中国。携程数据显示，开封凭借其深厚的文化底蕴和创新的文旅体验，成为 2025 年春节最受欢迎的文化旅游目的地，洛阳等城市的入境游客数量也实现了跨越式增长。

年轻人在感受传统文化魅力的同时，也在探索和重构着与传统文化的现代联系。在这股传统文化复兴热潮中，“新中式”风格的兴起尤为引人注目，而马面裙则是“新中式”中不容忽视的那颗明珠。

马面裙是一种源自宋代旋裙、并在明代最终定型的传统裙装，以其独特的四裙门设计和侧面打裥的结构，完美融合了实用性与美感。据统计，在 2024 年初，马面裙已成为汉服品类中搜索量最高的单品，其产量在某些企业的生产线中占比已达到 40%—50%。

马面裙融合了织金、织银、妆花、点翠、炫彩等多种传统工艺，在阳光下流光溢彩，展现出独特的古典之美。同时，其设计简洁的特点也让其更易于规模化生产，满足了市场对高性价比产品的需求。[①]

这种传统裙装不仅可以搭配现代服饰如衬衫、针织衫，还能适应从通勤、逛街到旅行等多种场景。其款式已发展出上百种变体，既有传统莲花、石榴等象征美好寓意的传统纹样，也融入了现代审美元素。这种设计既保留了传统服饰的典雅韵味，又迎合了现代人的穿着需求。这种创新不是对传统的简单模仿，而是在坚守文化主体性基础上的创造性转化，体现了中华文化既不盲从各种教条，也不照搬外国理论，而是坚持走自己的路，实现精神上的独立自主。

从经济学角度看，传统文化的复兴与中国经济的快速发展密不可分。随着人均 GDP 的提升，人们对精神文化的需求日益增长。正如习近平总书记所指出的，“当高楼大厦在我国大地上遍地林立时，中华民族精神的大厦也应该巍然耸立。”

---

① 王阳．文化自信促汉服大卖［EB/OL］．瞭望东方周刊，https：//baijiahao. baidu. com/s?id = 1793871480715236001&wfr = spider&for = pc.

国家统计局数据显示，2024 年我国全国规模以上文化及相关产业企业实现营收额 141510 亿元；据央视财经报道，2024 年我国以“新中式”为代表的国潮服饰市场规模在 2200 亿元以上，相关销售额同比增长 153%。这一现象印证了文化软实力在综合国力中的地位和作用日益凸显。

在国际时尚舞台上，中国元素的影响力经历了一个从浅表到深入、从借鉴到融合的过程。追溯至 1997 年，John Galliano 执掌 Dior 时期就开创性地将旗袍元素融入高级时装设计，以西方视角诠释了东方的优雅气韵。这一尝试开启了国际奢侈品牌对中国传统文化元素的深入探索。进入 21 世纪，这种文化对话越发频繁且深入。2004 年，Tom Ford 在其 YSL 告别秀中呈现的织锦刺绣、盘扣旗袍和珠绣礼服，将东方情韵推向了一个新的高度。

随着中华文化在国际上进一步推广，国际设计师对中国文化元素的运用已经超越了对传统符号的简单应用。例如，2015 年 Giorgio Armani Privé 系列将东方竹子意象转化为具有意大利优雅气质的设计语言，创造出一种独特的文化交融美学。这种创新诠释展现了中华文化元素在全球设计语境中的无限可能。这些设计不再局限于表面符号的挪用，而是在深入理解文化内涵的基础上进行创新演绎。

文化影响力的提升，与中国在全球时尚产业中的话语权提升密不可分。上海时装周已经成为全球时尚界的重要舞台，越来越多的中国设计师开始在国际舞台上展示自己对传统文化的现代诠释。通过时尚这一国际通用语言，中国正在向世界展示一个既传统又现代的文化形象，讲述着中国故事，传播着中国声音。

这种现象印证了中华文化在全球化语境下的创新活力。通过时尚设计这一现代表达方式，传统文化元素不断焕发新的生命力，在世界舞台上展现出独特魅力。这不仅体现了中华文化的包容性和创新性，更展示了我们在文化传播中日益增强的自信与主动。

更难能可贵的是，当前文化复兴已经超越了简单的外在形式，进而延伸到对传统文化内涵的深入理解。马克思曾指出，“凡是民族作为民族所做的事情，都是他们为人类社会而做的事情”。[①] 越来越多的年轻人开始学习传统礼仪、研究古代服饰制度，在穿着汉服的同时，也在传承和弘扬传统文化精神，让传统文化真正“活”起来。这种现象印证了中华优秀传统文化是中华民族的根和魂，是我们在世界文化激荡中站稳脚跟的根基。

这种文化复兴并非简单的复古，而是体现了中华文明在新

---

① 习近平. 把中国文明历史研究引向深入，增强历史自觉坚定文化自信[J]. 求是，2022（14）.

时代的创造性转化和创新性发展。新时代的年轻人正在用马克思主义激活中华优秀传统文化中富有生命力的优秀因子，并赋予其新的时代内涵。[①] 他们既能穿着汉服参加传统节日活动，又能身着时尚服装出入现代场合，展现了对传统与现代的自如把握。这种文化自觉，正是中华文明在5000多年发展历程中形成的开放包容特质的当代写照。

我们既不盲目排斥国际时尚，也不简单照搬西方。国人设计师们能够自信地将传统元素与现代设计相结合，创造出具有世界影响力的作品；年轻人可以在不同场合自如切换各种风格的着装，展现多元审美。这种从容与自信，体现了我国坚守中华文化立场的同时，又以开放包容的胸怀吸收人类一切优秀文明成果的特质。

展望未来，随着中国在世界舞台上的影响力不断提升，传统文化元素必将在人类文明交流互鉴中发挥更重要的作用。从“现代化的迟到国”到“世界现代化的增长极”，从民国时期某种程度上的文化“自卑”，到今天的文化自信，中华文明正在创造着人类文明新形态。这种文化复兴不仅是一种时尚现象，更是中国经济实力的直观体现。它昭示着，真正的文化自信，不是关起门来自说自话，而是在开放包容中坚守本色，在

---

① 汤超颖，王春远．汲取文化力量，坚定文化自信［N/OL］．光明日报，https：//baijiahao. baidu. com/s?id = 1816172346111699131&wfr = spider&for = pc.

创新发展中传承精髓。通过服饰文化的创新发展，我们正在向世界展示一个兼具传统魅力与现代活力的中国，让世界读懂中国、读懂中国人民、读懂中华民族。

这一文化觉醒，必将为实现中华民族伟大复兴注入持久的精神动力。在新时代的历史方位中，传统服饰文化的复兴正成为中华文明创造性转化和创新性发展的生动写照，展现着中华文化的永恒魅力与旺盛生命力。通过这种文化复兴，我们正在让世界认识一个既现代又传统、既开放又自信的中国，为人类文明的进步贡献着中国智慧和中国方案。

从世界工厂到自主品牌：服装制造业的崛起

改革开放以来的 40 余年间，中国服装制造业走过了一条从单纯加工到自主创新、从规模扩张到质量提升、从价格竞争到品牌竞争的转型升级之路。这一历程不仅是中国制造业发展的生动缩影，更深刻反映了中国在全球产业价值链中地位的持续提升。

国际贸易理论指出，一个国家或地区应该专注于发展具有比较优势的产业。改革开放初期，中国凭借充足的劳动力资源和相对低廉的人工成本，在全球服装产业分工中占据了重要位置。

1978 年，改革开放的春风吹开了中国融入全球经济的大门。在这一历史性时刻，全球经济格局正经历深刻变革，发达国家加速产业结构调整，大量劳动密集型产业开始向发展中国家转移。中国凭借充足的劳动力资源和相对低廉的人工成本，成功抓住了这一产业转移的历史机遇。在沿海地区，特别是珠三角、长三角等区域，大量服装加工企业如雨后春笋般涌现。这些企业主要采用“三来一补”（来料加工、来样加工、来件装配和补偿贸易）的运营模式，充分利用本地劳动力优势，承接国际订单。

随着发展深入，产业集群效应开始显现。以广东为例，其依托香港、澳门的区位优势和便利的港口设施，形成了以外贸订单为主的完整产业链。浙江则依托温州、义乌等地的商贸传统，发展出了独具特色的小商品集散体系。江苏以南京、苏州为代表的丝绸服装产业带和山东以青岛为中心的针织服装产业集群各具特色，相互补充。这种产业集群的形成不仅提升了生产效率，降低了运营成本，更为后续的产业升级奠定了坚实基础。到 1994 年，中国超越其他国家成为全球最大的服装出口国，“世界工厂”的地位由此确立。

2001 年中国加入世界贸易组织是服装产业发展的重要转折点。关税壁垒的降低为企业带来更多国际市场机遇，同时也使其面临更为激烈的竞争压力。在这样的背景下，中国服装企业开始深刻认识到品牌建设的重要性。美特斯邦威、七匹狼、李宁等本土品牌开始崭露头角，它们不再满足于简单的贴牌生产，而是通过加大设计研发投入、创新营销模式、细分目标市场等方式，逐步走上了品牌化发展道路。与此同时，互联网技术的快速发展为行业注入了新的活力。淘宝、京东等电商平台的兴起不仅创新了营销方式，更推动了整个供应链的数字化转型，使企业能够更精准地把握用户需求。

进入21世纪第2个10年，中国服装产业的发展重心开始从规模扩张转向质量提升。这一转变既是市场竞争的必然要求，也是消费升级带来的新机遇。伴随着中产阶级的崛起，消费者对服装品质、设计和品牌文化的要求日益提高。本土高端品牌如之禾、例外等的成功，证明了中国企业完全有能力在高端市场占据一席之地。更值得关注的是，新一代消费者展现出强烈的文化自信，推动了国潮品牌的蓬勃发展。设计师们开始自信地将传统文化元素与现代设计语言相结合，创造出既有国际视野又富有中国特色的时尚产品。

数字技术的广泛应用正在重塑产业形态。智能制造、柔性生产线的推广提高了生产效率，大数据分析能力的提升帮助企业更好地预测市场需求，社交电商和直播带货等新型营销方式则打通了与消费者沟通的新渠道。这些技术创新不仅提升了产业效率，更重要的是增强了企业快速响应市场变化的能力。

在国际化进程中，中国服装品牌正在走出一条独具特色的发展道路。安踏、李宁等品牌通过持续的创新和市场耕耘，逐步获得国际市场认可。新锐设计师品牌如SHUSHU/TONG、FENGCHEN WANG等在国际时装周的亮相，展现出中国设计力量的勃勃生机。这些成功案例表明，中国服装产业正在从单纯的制造向创意设计转型，品牌影响力和文化软实力不断提升。

展望未来，中国服装产业的发展既面临新的机遇，也需要应对诸多挑战。一方面，不断提升的国民收入和持续深化的消费升级为产业发展提供了广阔空间。另一方面，国际竞争日趋激烈，新技术变革层出不穷，可持续发展理念日益重要，这些都要求企业必须保持创新动力，在品牌建设、产品设计、技术应用等方面持续发力。“十四五”规划明确提出要推动包括服装在内的中国自主品牌建设，这为行业发展指明了方向。

在新的发展阶段，中国服装产业将更加注重质量效益，深化创新驱动。围绕品牌建设这一核心，企业需要在设计创新、技术应用、可持续发展等方面全面发力。同时，产业链各环节的协同创新也变得越发重要，只有形成更加完善的产业生态系统，才能确保中国服装产业在全球竞争中始终保持领先地位。

值得关注的是，中国服装产业的消费市场结构也在经历深刻变革。改革开放初期，人们的服装消费以满足基本需求为主，“的确良”等化纤面料曾风靡一时。随着生活水平的提高，20 世纪 80 年代末到 90 年代，服装消费开始追求时尚性和个性化，喇叭裤、健美裤等引领潮流。进入 21 世纪，消费需求进一步多元化，既注重品质和品牌，也强调舒适度和环保性。消费群体的年轻化和互联网的普及，更推动了“国潮”

品牌的崛起，传统文化元素与现代设计的融合成为新的增长点。

在数字经济蓬勃发展的今天，服装产业正加速数字化转型。以东莞为例，“虎门服装”与“大朗毛织”这两大产业集群通过引入人工智能设计、智能制造、柔性生产等技术，不断提升产业链的数字化、智能化水平。新零售模式的创新也为产业带来新的发展动能，直播电商、社交电商等新型营销方式重塑了传统的产销模式，使产业更贴近消费者需求。

“十四五”时期，中国服装产业的转型升级正迎来新的发展机遇。在内需升级的推动下，产业将更加注重科技创新、绿色发展和品牌建设。随着“一带一路”倡议的深入推进，中国服装产业的国际化布局将更加完善，在全球产业链中的地位将进一步提升。数字技术的深度应用和商业模式的持续创新也将为产业注入新的发展活力。

这场从制造大国到时尚强国的转型升级仍在继续。通过培育新技术、新业态、新模式，中国服装产业正在走出一条创新驱动、绿色低碳、融合发展的新路径。随着各项支持政策的落地实施和产业生态的不断完善，中国服装产业必将在科技创新、品牌建设、可持续发展等方面取得新的突破。通过产业链各方的协同努力，中国正在从世界工厂转型为全球时尚产业的引领者，书写着属于中国时尚的新篇章。

第2章

食

“菜篮子”的变迁

人们常说“民以食为天”。在日常生活中，饮食占据着重要的地位，是人们生存、生活的基本条件，贯穿着方方面面。习近平总书记也曾强调过：“悠悠万事，吃饭为大。”[①] 在世界各国，居民的饮食习惯、家庭和个人的饮食结构以及食品的安全、健康、营养和丰富程度，不仅反映了国家的物质基础建设，还展现了民族的文化深度和精神风貌。因此，饮食不仅满足生存需求，还通过具体的物质形态展示了生动的市民生活，成为记录社会经济变迁的“活历史”。

新中国成立 70 多年来，我国居民的饮食习惯经历了巨大的变化。饮食的变迁，不仅从侧面印证了中国经济的转型和崛起，也反映出我国居民生活中实实在在的文化与温度。从新中国成立初期的饥荒，到计划经济时期的粗茶淡饭，再到如今称得上是“天天过年”的丰盛餐桌，以及对“健康养生”的多

① 2022 年 3 月 6 日下午，习近平总书记在看望参加全国政协十三届五次会议的农业界、社会福利和社会保障界委员并参加联组会时的发言。

元需求，我国居民在饮食消费的数量、结构和质量上都发生了显著变化。①

在过去的 70 多年中，我国居民能够获取的食物从匮乏走向充足，饮食结构从单一转向多元，关注点从追求吃饱到营养、健康乃至可持续和环保。这一系列变化反映了我国在经济、文化和社会等方面的变迁，也展现了不同历史时期的时代特色。

“统购统销”与“票证生活”

改革开放是中国居民饮食生活的重要分水岭。在这个转折点之前，中国人民经历了一段艰难的饮食变迁历程，从战后的极度匮乏，到计划经济体制下的统购统销，每一个阶段都深刻影响着几代中国人的生活方式和记忆。今天，当我们的餐桌日益丰盛，人们逐渐忘却了“饥饿”的滋味，这段历史更显得弥足珍贵。

在新中国成立之前，中国人民的生活极其困苦。从晚清开始的连绵战乱和半殖民地半封建的社会状态，严重破坏了农业生产体系。1949 年的经济数据清晰地展现了这一困境：全国

---

① 张南．新中国成立以来城市居民日常生活变迁研究［D］．北京：中共中央党校，2020：63.

工农业总产值仅466亿元，其中农业产值326亿元，工业产值140亿元。以当年末统计的5.4亿人口计算，人均工农业总产值仅86元，人均国民收入更是低至69.29元。雪上加霜的是，这一年全国约有1.3亿亩农田遭受水旱灾害，减产粮食超过150亿斤，约4000万人陷入灾荒。这些冰冷的数字背后，是无数家庭难以维系基本生存。①

新中国成立后，作为一个刚经历战乱的人口大国，政府面临着极其严峻的粮食问题。这一问题的复杂性体现在多个方面：首先，政府需要同时满足普通民众、灾民、军队和政府人员的粮食需求，而新政权建设过程中大量增加的国家公职人员更加重了这一压力。特别是在那些农业不发达、长期依赖粮食进口的城市，由于外部环境不稳定，港口被敌人封锁，粮食供应更加紧张。其次，随着城市经济的复苏，大量工人涌入城市参与工业生产和城市建设，进一步加大了城市的粮食供给压力。更为棘手的是粮食市场秩序的混乱，投机商贩的频繁活动导致粮价飞涨。以湖北省为例，1950年3月的大米价格较当年1月上涨了43%，而武汉市的大米价格在半年内甚至翻了约10倍。在私营粮商活跃的地区，粮价普遍高出官方指导价

① 中国社会科学院，中央档案馆．中华人民共和国经济档案资料选编1949—1952综合卷［M］．北京：中国财政经济出版社，1989.

20%—30%。[①]

同时，农村地区的粮食消费也在快速增长。1949 年农村年人均粮食消耗量为 370 斤，到 1952 年增至 444 斤，增幅达 20%。[②] 这一变化不仅反映了农民实际消费的增长，也暴露出当时普遍存在的囤粮现象。由于连年的灾荒和战乱，农民倾向于囤积粮食，这严重影响了国家的粮食收购工作，导致商品粮供应持续紧张。即便是北京、上海和天津等大城市的粮食供应状况也不容乐观。

为了解决这一系列问题，1953 年 10 月，中央政治局作出了实行粮食统购统销的重大决策。同年 10 月 16 日，中央政治局扩大会议讨论通过了《中共中央关于实行粮食收购与计划供应的决定》。同年 11 月 19 日，政务院正式下达了《关于实行粮食的计划收购和计划供应的命令》。从 1953 年 12 月 1 日起，除西藏和台湾外，全国范围内开始实行这一政策。[③]

统购统销本质上是通过国家强制力量从农民手中购入粮食，再统一分配给全社会。其强制性体现在农民连自用粮食都需要报批后才能留存。这一制度很快扩展到棉花、食用油等其

① 薄一波．若干重大决策与事件的回顾（上卷）［M］．北京：中共中央党校出版社，1991.

② 赵发生．当代中国的粮食工作［M］．北京：中国社会科学出版社，1988.

③ 中国社会科学院，中央档案馆．中华人民共和国经济档案资料选编 1953—1957 商业卷［M］．北京：中国财政经济出版社，1989.

他生活必需品，逐渐发展成为涉及市民生活方方面面的“票证”制度。到1978年，各类消费品票证数量多达73种，从油票、肉票、鱼票、糖票，到香烟票、肥皂票、火柴票、电灯泡票、自行车票等，无所不包，成为实际上的“第二货币”。①

这一时期的“票证生活”给人们留下了深刻的印象。1961年夏天发生的一个小故事生动展现了这一制度对日常生活的影响。著名学者吴宓从四川前往广州探访陈寅恪先生时，陈先生在信中特意提醒他：“兄带米票七两，拟可供两餐用。”出门前，吴宓需要先到单位开介绍信，凭信到粮店换取全国粮票。如果买好火车票却忘了换粮票，就只能退票或改期。更麻烦的是，在广东，四川的粮票无人认可，广州人出差也面临同样的问题。连这样的知名学者尚且如此，普通百姓的不便可想而知。②

在这一背景下，政府采取了多项措施来缓解粮食压力。1950年4月，政务院发布决定，推广“九二米”和“八一面”。这是基于营养学家杨恩孚的建议，通过调整谷物加工的精白度，既解决粮食总量不足的问题，又能保留更多营养成分。

---

① 张南. 新中国成立以来城市居民日常生活变迁研究［D］. 北京：中共中央党校，2020：87.

② 赵小敏. 1949年以来广州市民饮食生活方式流变研究［D］. 广州：暨南大学，2019：37.

具体来说，“九二米”是指100千克糙米碾磨出92千克白米，“八一面”是指100千克小麦碾磨出81千克面粉。当时的计算显示，如果全国人民都食用这两种粮食，至少可以节约出近200万人的口粮。这一政策并非首创，早在1946年就有“市长领导下百僚吃糙米”的报道。政策发布后，各地通过多种形式积极宣传，《人民日报》刊登文章强调吃糙米对人体健康的重要性，指出南方人常因爱吃白米而患脚气病；上海的《新晚报》刊登歌谣：“九二米，八一面，又营养，又省钱，吃了不单没坏处，身体还更康健。”国家甚至出版了儿童读物《九二米和八一面》，在学校中推广节约粮食的理念。①

这些努力在1956年前后开始显现成效。通过农业社会主义改造，废除了延续数千年的私有制，建立起社会主义集体所有制。这一变革使个体劳动转为集体劳动，有利于集中调配资源，开展大规模农业基础设施建设。在第一个五年计划期间，国家在水利建设上投入26.7亿元，对主要河流进行治理，建设了官厅水库等大型水利工程。经过五年努力，全国新增耕地867万亩，灌溉面积扩大了21810万亩。同时，农业合作化为推广先进农业技术创造了有利条件。1956年的粮食产量比1949年增长70.3%，比1952年增长17.6%，较新中国成立前

① 董倩．断裂与延续：《新民晚报》与社会主义上海日常生活空间建构（1949—1966）［D］．上海：复旦大学，2013.

最高年产量增加33.4%。这一发展速度不仅在中国历史上前所未有，与资本主义国家相比也毫不逊色。

随着粮食生产的改善，城市居民的生活水平也有所提升。全国城市居民人均年粮食消费量达到200公斤左右，副食消费也显著增加。以东北地区为例，相比伪满时期，新中国成立后职工的人均年粮食消费量增至350斤，其中细粮占比超过50%，是伪满时期的7倍多。蔬菜消费量增至250斤左右，肉类消费量达到11—16斤，每月约1斤，是伪满时期的2倍以上。鸡蛋消费量增至20个，是伪满时期的3倍。1956年全国城市居民人均猪肉和食用糖消费量分别达到8.4公斤和3.7公斤，比1949年分别增长10.5%和85%①。

这一改善还体现在居民收入的提高上。新中国成立后，政府遵循“最低工资应保证维持连本人在内两个人的生活”的原则，随着国内局势稳定和经济恢复，城市居民收入开始逐步提高。1951年的工资改革使各地区平均工资增长60%—120%，80%以上的职工获得加薪。到1952年，各类职工工资普遍上涨，其中工人增长10%—36%，国家机关人员增长15%—31%，教师增长18.6%—37.4%。1949—1952年国民经济恢复时期，全国职工平均工资提高约70%。在第一个五

① 国家统计局．我国的国民经济建设和人民生活［M］．北京：统计出版社，1958：319.

年计划期间又提高了42.8%，从1952年的446元增至1956年的610元。居民储蓄也随之增长，1952年城镇居民储蓄额比1950年增加5.5倍。

这一时期，中国的饮食文化还经历着另一个显著的变迁——西式饮食的起落。实际上，自近代以来，中国城市居民的饮食生活就开始呈现中西并存的特点。清末民初，随着租界的增多，西方人为维持其饮食习惯引入了西餐厅，并从国外引进奶制品、肉类及配菜等。城市中的士绅和富商也开始追逐这一潮流。

在上海，许多上层人士从最初的“附庸风雅”发展到习惯喝咖啡、享用西餐。西式糖果、糕点和奶制品对城市居民的饮食影响更为深远，在上海、北京、武汉等大中城市随处可见。一些本土企业也开始涉足这一领域：1915年北京开设了第一家啤酒厂，生产五星啤酒；1892年上海出现了第一家汽水厂，推出“正广和”汽水；1928年上海开设了中资西式食品店“凯司令”，制作并销售德式点心，结合了中国传统糕点制作工艺。[①] 此外，一些外国蔬菜如洋葱、马铃薯、花菜和卷心菜也被引入并广泛种植，至今已成为家常菜。

然而，这种影响在新中国成立后不久就开始减弱。原因是

---

① 张南. 新中国成立以来城市居民日常生活变迁研究［D］. 北京：中共中央党校，2020：77.

多方面的：首先，随着租界的取消，居住在租界及其他城市的外籍商人纷纷回国，许多西餐厅因失去主要消费者而关闭。其次，西方资本主义世界对中国的经济封锁导致许多西式饮食原材料短缺。更重要的是，随着意识形态转变在生活领域的展开，“吃西餐”开始被视为资本主义腐朽的生活方式而受到批判。

一些期刊和报纸开始批评西餐，认为“美国人不懂烹调，咸甜冷热杂事，全是一塌糊涂，味道毫无，只是煮熟而已”。此外，西式饮食在中国的影响本就有限，主要集中在东南沿海及相对发达城市的中上阶层，许多人并不认为西餐美味，通常只是为了赶潮流或作为节庆时的新鲜体验。因此，当社会环境发生变化时，这种不合时宜的饮食习惯自然很快消退。①

1958 年，中国的经济发展和社会生活经历了重大转折。随着人民公社化运动的开展，公共食堂在全国范围内迅速推广。这一制度变革从经济角度来看具有深远影响：在“共产风”的推动下，许多地方实行“吃饭不要钱”的政策，强制推行“大锅饭”制度。这种做法严重违背了基本经济规律，不仅破坏了按劳分配原则，也消解了农民的生产积极性。同时，大跃进运动中的浮夸风造成了严重的资源错配，最终导致

① 郑艳．新中国初期城市居民的物质生活变迁（1949～1957）［D］．成都：四川大学，2005.

粮食产量大幅下降。

这种脱离经济规律的政策很快显现出严重后果。1959—1961 年的三年困难时期，全国陷入严重的粮食短缺，公共食堂在粮食匮乏的情况下难以维持运转。这一危机从经济学角度反映了计划经济体制中行政干预过度的弊端，以及忽视市场规律的严重后果。

认识到这些问题后，中央在 1962 年开始实施调整政策，纠正“共产风”，公共食堂逐渐停办，恢复了家庭生产和生活方式。1962—1965 年的调整时期，在更符合经济规律的政策指导下，全国副食品市场逐渐恢复繁荣，副食品种类日益丰富。国家适当放宽了对某些副食品的限量供应，体现出对市场机制的初步重视。这一时期的经济政策调整显示，即便在计划经济体制下，遵循经济规律仍然是经济发展的必要条件。[①]

然而，这种积极的经济发展态势在 1966 年戛然而止。在随后的十年中，由于政治运动冲击经济建设，社会生产力遭到严重破坏。数据显示，1966—1976 年，中国人口从 74542 万人增长到 93717 万人，增长 25.72%[②]，但粮食及其他农副产品的增长速度远远跟不上人口增长的需求。在计划经济体制

① 刘一达．凭市临风［M］．北京：中国社会出版社，1998.

② 国家统计局．新中国五十五年统计资料汇编（1949—2004）［M］．北京：中国统计出版社，2005：6.

下，生产力的破坏直接导致了供需矛盾的加剧。

这一时期的经济扭曲具体体现在城镇居民的日常生活中。商店虽然设有蔬菜柜台，夏季还会搭建大棚售卖蔬菜，但供需失衡的问题始终无法解决。到了冬天，由于生产和调配体系的僵化，百姓的“看家菜”仅限于大白菜、萝卜和土豆等耐储存品种，合作社的菜架常常空空如也。城镇居民虽然基本能凭票买到定量的粮油和鸡蛋，但配额往往无法满足实际需求，反映出计划经济在资源配置上的低效率。在微观层面，由于担心富裕会招致政治批判，许多家庭刻意压制生产积极性，甚至不敢出售家庭圈养的牲畜。“还是穷点好”的生存策略实质上是对正常经济活动的自我抑制，严重影响了社会生产力的发展。

这一时期的饮食供应体系呈现出“计划配给”和“普遍短缺”的特征。表面上，票证制度按劳动量和工作性质分配，体现了某种“公平”；但实质上，这种建立在普遍贫困基础上的平均主义，压制了生产积极性，加剧了供需矛盾。正如王利华所描述的：“从记事起到上中学，所想所做大多与‘吃’有关，除了找吃的和生病，似乎没有其他深刻记忆。”① 这种普遍的饥饿经历，成为那一代人挥之不去的集体记忆。

从经济发展的角度回顾这一时期，我们可以得出以下重要

① 王利华．中古华北饮食文化的变迁［M］．北京：中国社会科学出版社，2000.

认识：第一，政治因素过度干预经济发展必然导致效率低下。第二，计划经济体制虽然在特定历史条件下对稳定物价、保障基本供应起到了作用，但其固有的僵化性最终制约了生产力的发展。第三，只有尊重经济规律，正确处理政治与经济、计划与市场的关系，才能实现经济的持续健康发展。这些深刻的历史教训为后来的改革开放奠定了重要的认识基础。

从“吃饱”到“吃好”

改革开放40多年来，中国城市居民的饮食生活发生了翻天覆地的变化。从以粮食为主的温饱消费到肉蛋奶、水产品、瓜果蔬菜等多样饮食消费，从注重数量到更加注重营养健康，这一转变过程不仅反映了中国社会经济的快速发展和人民生活水平的显著提高，更是中国经济体制改革成果的直观体现。[①]

回望20世纪70年代末的中国，城市居民的餐桌远称不上丰盛。在物资匮乏的年代里，虽然粮食供应基本有保障，但副食品却需要精打细算。市场上难觅新鲜鱼虾的身影，即便偶有售卖，对于普通工薪家庭来说也是可望而不可即的奢侈品。主妇们买肉时都爱挑选肥的，为的是能够榨出些许猪油来改善伙

① 郭聪聪. 改革开放前后鄂东乡村饮食生活研究［D］. 黄石：湖北师范大学，2023.

食。只有逢年过节才有机会改善生活，所谓改善，不过是凭票供应的几斤鱼肉、几包好烟、几瓶好酒，或者难得吃上几顿的大米饭而已。

1978 年，城镇居民家庭人均可支配收入仅为 343 元，而高达 57.5% 的恩格尔系数直观地反映出当时居民的生活水平处于贫困边缘。[①] 这一经济指标充分说明了计划经济体制下，居民消费受到的严重制约。在那个时期，从柴米油盐到肉蛋副食，几乎所有生活必需品都需要凭票购买，“抢购”更是成为那个时期对物资匮乏有着普遍焦虑的人们的共同记忆。

1978 年，中共十一届三中全会带来了历史性转折。家庭联产承包责任制的实施极大调动了农民的生产积极性，农业生产力获得解放，不仅粮食产量连年攀升，农林牧副渔业也开始全面发展。这一农村改革的成功，为整个国民经济体制改革积累了宝贵经验。

到 1982 年，全国第一次营养调查显示，中国人民的膳食能量摄入已达到 2485 千卡，相当于中国营养学会 1981 年推荐标准的 102%。这标志着就全国平均水平而言，中国人民的膳食已基本满足人体的能量需要。然而值得注意的是，全国人民平均能量的 92% 来自植物食品，来自动物食品的能量仅占

---

① 孔德晨．恩格尔系数再创新低对中国意味着什么［N］．人民日报（海外版），2019－02－20.

8%。1979—1981 年，世界人均动物蛋白质摄入量达到 24 克，而中国仅为 7.6 克，甚至低于亚洲平均 12 克的水平。这种营养结构的失衡，反映出当时中国经济发展水平与世界发达国家之间的差距。①

随着改革的深入，价格体制改革逐步推进。到 1983 年，由国家统一限量供应的物资只剩下粮食和食用油两种。1984 年城镇居民家庭人均可支配收入增长到 739 元，是 1978 年的两倍多，这种收入的快速增长直接推动了消费结构的升级。同年，深圳在经过两年多的物价体制改革试验后，率先放开一切生活必需品价格，取消一切票证，成为价格市场化的先行者。随着价格开始实行“双轨制”，社会上出现了以票易物的现象，票证的作用逐渐淡化。这种价格体制的改革，是中国从计划经济向市场经济过渡的重要标志。

以北京为例，这一阶段不仅家家户户的粮票都有盈余，副食品供应也日渐丰富。得益于农业科技进步，特别是大棚温室技术的推广应用，即使在冬季也能买到黄瓜、扁豆、番茄、柿子椒等新鲜蔬菜，改变了过去冬季只能依赖土豆、洋葱的局面。这种农业生产技术的进步，不仅丰富了城市居民的“菜篮子”，还带动了农村经济的发展，是科技促进经济发展的生

① 金大勋. 1982 年全国营养调查［J］. 医学研究通讯，1988（6）.

动例证。

1988年，针对副食品供应紧张的问题，国务院批准实施“菜篮子工程”。这一工程率先在北京、上海和天津三个直辖市试点，随后在全国推广，标志着政府开始通过系统性的经济政策来解决民生问题。“菜篮子工程”的实施效果显著，除奶类和水果外，其余“菜篮子”产品的人均占有量都达到或超过了世界平均水平。[①] 城市居民开始随吃随买，冬储菜逐渐退出老百姓的餐桌，过去入冬后家家忙着堆“大白菜山”的记忆渐渐远去。这种消费方式的转变，既是居民购买力提升的表现，也反映了农产品供应体系的完善和物流配送能力的提升。

改革开放也为国际品牌进入中国市场创造了条件。1979年，随着广告业的解禁，西方饮食文化开始试水中国市场。可口可乐在退出中国30年后重返中国市场，这一过程本身就是中国经济体制改革的缩影。1981年，可口可乐在北京建立第一个装瓶厂，但最初只能在友谊商店和涉外旅游宾馆内销售。当时，一瓶售价8毛钱的可乐对月收入仅几十元的普通工人来说仍是“奢侈品”。[②] 可口可乐的市场开拓经历了从限制销售

① 李维冰，田淑芳. 从温饱走向富裕——1980—2000年长江下游地区居民饮食变化透视［J］. 饮食文化研究，2003（3）.

② 刘欣. 可口可乐：见证改革开放40年［EB/OL］.（2019-01-07）［2024-10-19］. http://www.chinatoday.com.cn/zw2018/jj_4978/201901/t20190107_800153472.html.

到允许内销，从“洋奢侈品”到大众饮品的转变过程，这个过程既反映了中国开放政策的逐步深化，也展现了居民消费能力的持续提升。

20 世纪 80 年代初期，更多国际品牌相继进入中国市场，如雀巢咖啡、麦氏咖啡、百事可乐等。1983 年，中国第一家中外合资餐厅马克西姆开张，但在改革开放初期，这些享受型消费并未普及。[①] 人们对西式饮食往往带着新奇和审慎的态度，这种态度折射出当时社会观念转型的阵痛。然而，这一时期的对外开放为此后中国餐饮业的多元化发展奠定了基础。

20 世纪 90 年代，随着经济的进一步发展，中国零售业开始发生革命性变革。大型超市逐渐在中国扎根，1995 年，家乐福在北京开设了中国首个大型超级购物广场，随后沃尔玛和麦德龙相继进入中国市场。这些跨国零售巨头带来了现代化的经营理念和管理模式，以“天天平价、始终如一”的价格优势和“微笑服务”的承诺，推动了中国零售业的转型升级。这种变革不仅改变了中国人的购物习惯，更带动了整个供应链的现代化改造。

1992 年第二次全国营养调查的数据印证了这一转变：居民膳食结构中来自谷类食物的热能下降 4.5%，来自薯类的下

---

① 张南. 新中国成立以来城市居民日常生活变迁研究［D］. 北京：中共中央党校，2020：95.

降3.1%；来自动物性食物的热能比例明显上升，谷类和豆类蛋白质摄入减少，动物性蛋白质增多。这种膳食结构的变化恰恰反映了中国经济发展带来的消费升级。以北京为例，主食消费已从生粮为主转向粮食加工产品为主；副食品消费也从“买肉买个响”发展到“通脊、五花肉、前后臀尖、肘子等琳琅满目”的丰富选择。居民的鲜瓜果消费从“一元钱撮一堆”发展到“质量好就买上好几斤”，进口水果也开始在北京、上海等大城市流行。①

进入21世纪，互联网技术的发展开始深刻改变传统的饮食消费方式。电子商务的兴起打破了“百里不同风，千里不同俗”的传统饮食格局，让地方特色美食突破地域限制，走向全国市场。2019年，全国电子商务交易额达到34.81万亿元，同比增长6.7%，其中商品和服务类电商交易额达33.76万亿元。这一数据凸显了电子商务在国民经济中的重要地位，也预示着新的消费革命正在发生。

在这场数字化转型中，餐饮O2O模式蓬勃发展，形成了外卖平台、团购平台、点评推荐平台及订餐类平台四种主要业态。这些平台不仅为消费者提供了更多选择和更大的价格优惠，也创造了全新的消费场景。外卖平台改变了传统的用餐方

① 中国卫生年鉴编辑委员会. 中国卫生年鉴1995［M］. 北京：人民卫生出版社，1995：96.

式，团购平台激活了消费潜力，点评推荐平台则为消费决策提供了参考依据。这种数字化变革不仅提升了消费体验，也推动了整个餐饮行业的升级转型。

在食品电商领域，以三只松鼠、良品铺子为代表的休闲食品品牌迅速崛起，创造了新的商业模式。生鲜电商的发展则解决了地方特色食材的销售难题。以吉林查干湖鱼为例，这一地方特产过去因物流制约只能在当地销售，但借助现代冷链物流技术，现在可以在 24 小时内送达全国各地的消费者手中。这不仅扩大了地方特色产品的市场，也为农产品产业化发展提供了新途径。

近年来，短视频和直播电商的兴起为食品行业带来了新的营销渠道。快手、抖音、美拍等平台与食品电商的合作，创造了全新的消费场景和购物体验。这种新型营销方式不仅降低了销售成本，也让消费者能够更直观地了解产品，推动了食品行业的数字化转型。

然而，在饮食消费方式不断创新的同时，食品安全问题也日益凸显。改革开放前，在计划经济体制下，食品生产和经营企业主要按计划完成上级任务，缺乏独立的商业利益诉求，食品生产中的弄虚作假行为并不常见。但在向市场经济转轨过程中，由于市场监管体系未能与经济发展同步，一些领域的快速市场化在提升经济效益的同时也带来了负面影响。这主要是因为在监管体系不健全的背景下，确保质量安全的成本未能内化到生产经营者的决策中，从而产生了显著的外部负效应。

2003 年的阜阳劣质奶粉事件是这一时期最具代表性的食品安全事件之一。这一事件造成众多婴幼儿在生长发育过程中出现“大头娃娃”症状，引发全社会的强烈关注。国务院随即成立调查组，联合地方政府监管部门开展调查，最终查处了 45 家不合格奶粉生产企业。此后，2005 年海鲜产品“孔雀石绿”事件、2006 年“苏丹红鸭蛋”事件、2008 年“三聚氰胺奶粉”事件、2010 年“地沟油”事件等一系列食品安全事件的发生，推动了国家食品安全监管体系的不断完善。

针对这些问题，我国的食品安全监管体系经历了从分散到统一的演变过程。早在 1982 年 11 月，国家就建立了食品卫生许可证制度，将其作为食品生产和经营企业申请工商执照的前提条件，这是食品监管体制适应市场化的第一次重要调整。1992 年，随着食品工业领域的政企分开改革，监管体制开始向外部型、第三方监管模式转变。2003 年阜阳劣质奶粉事件后，分段监管体制开始确立。2004 年，国务院在全国范围内开展了以粮、肉、蔬菜、水果、奶制品等为重点的食品安全专项整治。

2008 年“三鹿奶粉事件”进一步暴露出我国奶制品监管存在严重缺失，推动了《中华人民共和国食品安全法》的出台。2009 年 2 月，经过多方博弈，这部关键法律终于由第十一届全国人大常委会通过。2013 年 3 月，为解决多头分段管理的问题，国家将原食品药品监督管理局升格为正部级的国家食品药品监督管理总局，标志着“五龙治水”的局面得到根本改变，综合性的“大监管”模式正式确立。这一系列制度变迁，体现了国家对食品安全治理的日益重视，也反映了监管体系不断适应市场经济发展的过程。

随着互联网和电子商务的持续发展，线上线下结合、全渠道发展将成为食品行业的主要趋势。从最初的票证制度到如今的移动支付，从粮票布票到电子商务，中国居民的饮食消费见证了中国经济的巨大变迁。40 多年来，城市居民人均口粮消费量下降 40%，肉蛋奶的消费量增加了 2 倍，食用植物油的消费量增加了 3 倍，恩格尔系数已经下降到 27.7%。这些变化不仅反映了中国经济的快速发展，也体现了居民生活水平的显著提高。

总的来说，改革开放 40 多年来，中国人民的饮食生活发生了一场巨变。在这一进程中，中国的饮食文化既保持了传统特色，又不断吸收世界各地的精华，展现出强大的生命力。从早期的物资匮乏到今天的消费升级，从单一的供给方式到多元化的消费选择，中国居民的饮食变迁是中国经济发展的一个缩影，也是改革开放的生动写照。这种变迁不仅改变了人们的生活方式，也推动了相关产业的发展，为中国经济的持续增长注入了新的活力。

党的十八大以来，我国居民饮食生活的新变化

党的十八大以来，我国居民饮食生活迎来了一系列深刻变革，这些变革既是社会经济快速发展的自然延续，也体现了新时代饮食文化的创新与传承。在数字化浪潮的推动下，餐饮O2O模式迅速崛起并改变了传统的饮食消费方式，与此同时，国家对粮食安全的战略重视度不断提升，饮食文化也在大众传媒的助力下焕发出新的生机，共同构成了这一时期中国饮食生活的新景象。

2012年以来，随着智能手机的普及和移动支付技术的成熟，餐饮O2O（Online to Offline）模式经历了爆发式增长。以美团、饿了么为代表的外卖平台改变了城市居民的就餐习惯，使“外卖到家”成为日常生活的标配。中国网络外卖用户规模从2016年的6330万人增长到2025年的5.45亿人，年均复合增长率高达27.02%。在疫情期间，外卖平台更是发挥了重要作用，不仅保障了城市居民的饮食需求，也为餐饮企业提供了重要的生存渠道。

实际上，从经济学角度来看，这一现象本质上是数字技术大幅降低了市场交易成本，重塑了供需匹配机制。外卖平台作

为典型的双边市场，通过算法和大数据连接了分散的餐饮供给与消费需求，解决了传统餐饮业中信息不对称的问题，提高了资源配置效率。同时，平台经济的网络效应显著，用户规模越大，平台价值越高，这也解释了为何短短几年内外卖行业便呈现出高度集中的寡头竞争格局。这种平台经济的崛起不仅创造了新的就业形态，如骑手经济，也带动了上下游产业链的发展，成为新经济增长的重要引擎。

与此同时，餐饮预订平台和点评平台也蓬勃发展，改变了消费者的决策方式。通过大众点评、美团等平台，消费者可以方便地查询餐厅信息、比较价格、预订座位，甚至提前点餐。这些平台收集的用户反馈和评价，不仅为其他消费者提供了参考依据，也倒逼餐饮企业提升服务质量和食品安全水平。数据显示，2023 年，美团平台上活跃的餐饮商户超过 1000 万家，这一数字充分反映了 O2O 模式对餐饮行业的深刻影响。

社交媒体的发展也为餐饮营销创造了新的可能。小红书、抖音等平台上的美食博主通过分享美食体验、烹饪技巧，形成了强大的意见领袖效应，引导着消费者的饮食选择。许多餐饮品牌开始主动与这些意见领袖合作，通过创造“网红打卡地”、设计“适合拍照的菜品”等方式吸引年轻消费者。这种基于社交媒体的营销方式，极大地降低了餐饮企业的获客成本，也促进了饮食文化的传播与创新。

在食品零售领域，生鲜电商平台如盒马鲜生、每日优鲜等的兴起，打破了传统的购物模式。这些平台不仅提供便捷的线上购物渠道，还实现了“前置仓 + 即时配送”的创新服务，使消费者能够享受到“最后一公里”的新鲜食材。以盒马鲜生为例，其“超市 + 餐饮 + 物流”的新零售模式，让消费者可以在同一空间内完成选购、加工、堂食或外送多种消费场景，创造了全新的购物体验。观研天下数据显示，2023 年我国生鲜电商交易规模达到 6424. 9 亿元，同比增长 14. 7% ，占城镇居民食品消费支出的 29. 4% ，反映出数字化浪潮对食品零售行业的深刻变革。

直播电商作为近年来兴起的新型销售模式，也极大地改变了食品营销方式。通过淘宝直播、抖音、快手等平台，农产品生产者可以直接面对全国消费者展示和销售自己的产品，有效解决了农产品销售的“最后一公里”问题。

2025 年 1 月 7 日，网络主播董宇辉的带货销售额超 93 亿元，其中不乏大量食品类产品。从产业经济学视角看，直播电商本质上重构了农产品的供应链体系，通过去除中间环节实现了产销对接的“供应链扁平化”。这一模式打破了传统农产品销售中的渠道壁垒，显著降低了流通成本，进而提高了生产者的收益比例。

以贵州榕江县的香猪销售为例，通过直播电商渠道，农户每头香猪的收益大幅提高，榕江县也成为知名的旅游目的地，带动了相关产业的发展。这种直接连接生产端与消费端的模式，不仅缩短了农产品从产地到餐桌的距离，也让更多消费者了解到食材的生产过程和文化背景，提升了消费体验。更重要的是，这一模式通过激活农村生产要素，促进了乡村产业振兴，成为破解城乡二元结构、实现共同富裕的有效路径之一。

在这些消费方式变革的同时，党的十八大以来，国家对粮食安全问题的重视程度显著提升。习近平总书记多次强调："中国人的饭碗任何时候都要牢牢端在自己手上。"在这一战略思想指导下，国家实施了最严格的耕地保护制度，确立了18 亿亩耕地红线的刚性约束。2014 年出台的《国家粮食安全中长期规划纲要（2008—2020 年）》也明确提出，到 2020 年，我国粮食自给率应稳定在 95% 以上。

从宏观经济安全的角度分析，粮食安全作为国家安全的基础，具有明显的公共物品特性。市场机制在粮食生产中存在明显的"市场失灵"，表现为生产者无法完全内化粮食安全的外部收益，导致社会对粮食生产的投入不足。这就需要政府通过制度设计和政策干预，弥补市场机制的不足。

我国对耕地保护的刚性约束和粮食主要依靠国内生产的战略选择，体现了对经济安全理论的深刻理解。特别是在全球粮食市场高度集中的背景下，过度依赖国际市场将面临显著的供给风险和价格波动风险。我国坚持粮食安全战略，不仅确保了14亿人口的基本生存权，也为国家经济的宏观稳定和可持续发展奠定了坚实基础。这些政策措施确保了中国在全球粮食市场波动和新冠疫情等挑战面前，能够保持粮食供应的基本稳定。

为加强粮食安全保障，国家还推动了农业供给侧结构性改革，大力发展现代农业。通过实施高标准农田建设、推广先进农业技术、培育新型农业经营主体等措施，中国粮食生产能力不断提升。农业农村部数据显示，2023年全国粮食总产量再创历史新高，达到13908亿斤，实现“二十连丰”的历史性成就。这一成绩的取得，为保障国家粮食安全和改善居民饮食结构奠定了坚实基础。

在饮食与文化互动方面，2012年以来最具标志性的事件之一，莫过于《舌尖上的中国》系列纪录片的热播。这部纪录片不仅记录了中国各地丰富多彩的美食，也引发了全社会对传统饮食文化的重新认识与思考。

从文化经济学角度分析，《舌尖上的中国》的成功体现了文化资本转化为经济资本的典型过程。通过将分散在民间的饮食文化符号进行系统化提炼和美学化包装，该纪录片实现了传统饮食文化的当代价值重构，创造了巨大的文化溢价。其影响力迅速从媒体领域溢出，催生了一系列经济效应：带动了相关旅游目的地的客流增长、刺激了地方特色食品的线上销售、推动了餐饮企业的品牌升级和文化营销。

更深层次看，这种文化 IP 的成功开发模式，启示我们传统文化元素在当代语境下的创造性转化和创新性发展路径，为文化产业与实体经济的深度融合提供了样本，彰显了党的十八大以来，我国文化自信的稳步确立。该纪录片的成功带动了一系列美食文化节目的兴起，如《风味人间》《早餐中国》和《人生一串》等，使饮食文化成为大众文化消费的重要组成部分。

受到这些节目的影响，“舌尖旅游”成为新的旅游趋势，越来越多的人开始专程前往某些地区品尝特色美食。各地政府也意识到饮食文化的重要价值，纷纷打造特色美食街区和美食节，如成都的宽窄巷子、西安的回民街等，既传承了地方饮食文化，也创造了可观的经济效益。

党的十八大以来，在传统饮食文化传承与创新方面，国家采取了一系列措施。2012 年以来，一批具有代表性的传统美食制作技艺被列入国家级非物质文化遗产名录，如北京烤鸭、云南火腿等。各级政府还通过举办美食文化节、技能大赛等形式，培养年轻一代的传统烹饪人才。与此同时，许多餐饮企业也在积极探索传统美食的现代化表达，如海底捞的智能化火锅店、全聚德的轻量化烤鸭产品等，既保留了传统风味，又适应了现代生活方式。

健康饮食理念的普及也是这一时期的重要特征。随着生活水平的提高和健康意识的增强，越来越多的城市居民开始关注食品的营养价值和健康效果。“轻食”“低脂”“生酮”等健康饮食概念逐渐流行，以沙拉、轻食餐等为主打产品的健康餐饮品牌迅速崛起。中商产业研究院数据显示，2023 年中国营养健康食品行业市场规模达到 6317 亿元，这一趋势反映了消费者对饮食质量的追求从“吃饱”到“吃好”再到“吃健康”的转变过程。

与此同时，素食主义在中国也呈现出快速发展态势。出于健康、环保或宗教信仰等多种原因，越来越多的人开始尝试素食或减少肉类摄入。植物肉、人造肉等替代蛋白产品也开始进入中国市场，为消费者提供了更多选择。这种饮食理念的变化，不仅反映了人们对健康生活的追求，也体现了可持续发展理念在饮食领域的具体实践。

党的十八大以来，随着“一带一路”倡议的深入推进，中国与世界各国的饮食文化交流日益频繁。一方面，越来越多的中国美食走向世界舞台，如火锅、饺子、小笼包等成为国际知名美食；另一方面，各国特色美食也不断丰富中国人的饮食生活，韩国料理、日本料理、东南亚美食、西式快餐等在中国市场占据了重要位置。这种双向交流不仅促进了各国文化的互鉴互通，也提升了全球饮食文化的多样性。

展望未来，随着技术进步和消费升级，我国居民的饮食生活将呈现出更加个性化、健康化、智能化的特点。一方面，大数据、人工智能等技术将深度赋能餐饮业，通过精准分析消费者偏好，提供个性化饮食解决方案；另一方面，环保、健康、可持续的饮食理念将得到更广泛的认同，引导餐饮业向更加绿色、低碳的方向发展。可以预见，在新的历史时期，中国饮食文化将在传承中创新、在开放中发展，继续书写新的篇章。

田间地头的学问

“谁知盘中餐，粒粒皆辛苦”是每个中国人从小耳熟能详的诗句，告诫人们一粥一饭当思来之不易，凝结着来自田间地头的心血和汗水。要让每个中国人吃饱、吃好，要从田间地头开始筹划，其中有好故事，更有大学问。

当我们走进超市琳琅满目的食品区，或是坐在餐桌前享用一顿丰盛的饭菜时，很少有人会联想到这背后所蕴含的宏大经济叙事。从古至今，农业始终是国民经济的基础，是人类生存与发展的根本。尤其对于拥有 14 亿人口的中国而言，解决吃饭问题不仅事关民生，更关乎国家安全与社会稳定。

中国有着悠久的农耕文明历史，“民以食为天”的古训深刻地刻在每一个中国人的基因里。然而，在漫长的历史长河中，中国人并非总能吃饱饭。从古代的“十年九灾”到近代的饥荒，粮食短缺曾是困扰中华民族的一大痛点。新中国成立后，如何彻底解决十几亿人的吃饭问题，成为历代领导人必须面对的重大挑战。

正是在这样的背景下，发生在田间地头的科技革命与经济变革交相辉映，共同书写了中国粮食安全保障的伟大篇章。而这一切的背后，既有科学家的执着探索，也有国家战略的精心布局，更有亿万农民的辛勤劳作。通过剖析这些发生在田间地头的故事和学问，我们能够更加深入地理解中国经济发展的独特路径与内在逻辑。

接下来，让我们首先走进杂交水稻的世界，看看这一改变中国乃至世界粮食格局的伟大创新，如何与中国的粮食安全和经济发展紧密相连。

杂交水稻："吃饱饭"与粮食安全

"民以食为天"，在中国这片拥有 14 亿人口的土地上，解决温饱问题始终是国家发展的重要任务。而在这个伟大使命的背后，是一场科技与农业、创新与传统、个人奋斗与国家发展相互交织的宏大叙事。其中，杂交水稻的研发与推广无疑是最为璀璨的一颗明珠，不仅改变了中国的粮食生产格局，更深刻影响了国家经济发展的轨迹。

20 世纪 60 年代初期，中国刚刚经历了三年困难时期，粮食严重短缺，国家面临巨大的粮食安全挑战。在这样的背景下，一位年轻的农业科学家开始了他改变中国乃至世界粮食生产面貌的伟大探索。他就是被誉为"杂交水稻之父"的袁隆平。当时，全国粮食产量低下，人均占有量不足，解决温饱问题成为当务之急。袁隆平意识到，要从根本上解决中国的粮食问题，必须突破传统水稻品种的产量瓶颈，而杂交优势现象或许是一把打开这扇大门的钥匙。

袁隆平的研究始于对自然界水稻杂交现象的观察和思考。1960 年 7 月，他在湖南省的一片稻田中发现了一株特殊的“天然杂交稻”，它比周围的水稻长得更高、穗更大、粒更饱满。这一发现激发了他对杂交水稻可能性的探索。然而，实现水稻杂交并非易事。

水稻是一种自花授粉植物，要实现杂交必须找到能够稳定使用的雄性不育系。经过数年的艰苦探索，袁隆平团队于 1970 年在海南三亚的南红农场发现了一株具有天然雄性不育性的野生稻，取名为“野败”，这成为中国杂交水稻研究的重要突破点。

基于“野败”，1973 年，袁隆平团队成功培育出了世界上第一个实用的杂交水稻“三系”配套系统，包括不育系、保持系和恢复系，实现了杂交水稻的大规模生产，改写了世界水稻育种史。1976 年，杂交水稻开始在全国推广种植，到 2000 年底，杂交水稻种植面积已超过中国水稻种植总面积的一半。杂交水稻的产量比常规稻高出 20%—30%，意味着在相同耕地面积上，普及杂交水稻的种植可以多养活数千万乃至上亿的人口。

从经济学角度来看，杂交水稻的推广是一场生产力革命，它带来了显著的经济效益和深远的社会影响。它大幅提高了土地生产率，在有限的耕地资源约束下实现了产出最大化。中国幅员辽阔，但人均耕地面积仅为世界平均水平的 40% 左右，在这样的资源禀赋下，提高单位面积产量成为解决粮食问题的关键路径。杂交水稻的推广使中国在不扩大耕地面积的情况下，粮食产量翻了几番，这是对稀缺资源的最优配置。

杂交水稻技术创新带来了巨大的经济外部性。技术创新的一个重要特点是其溢出效应，即创新所带来的社会收益远大于创新者个人所能获取的私人收益。袁隆平团队的杂交水稻研究成果迅速在全国推广，使亿万农民受益，国家粮食安全得到保障，这种正外部性的价值难以用简单的市场价格来衡量。

此外，杂交水稻的发展促进了农业产业链的形成和完善。从育种、种子生产、推广到种植技术培训，形成了一个完整的产业体系。特别是种子产业的发展，为农村创造了大量就业机会，促进了农民增收。同时，杂交水稻技术的输出也成为中国农业技术援外的重要内容，为发展中国家解决粮食问题提供了“中国方案”，增强了国家软实力。迄今为止，杂交水稻已经被推广到 30 多个国家和地区，种植面积达 3000 多万亩。

值得注意的是，杂交水稻的发展道路也反映了中国特色的科技创新模式。在国家主导下，通过整合科研院所、高校、企业和农民的力量，形成了从基础研究到技术推广的完整创新链条。这种模式在解决国家重大需求方面表现出独特优势，也为其他领域的科技创新提供了借鉴。

如今，随着生活水平的提高，中国人民的粮食消费结构已发生了巨大变化，从“吃得饱”向“吃得好”“吃得健康”转变。但粮食安全作为国家安全的重要基础，其重要性丝毫未减。特别是在全球气候变化、耕地资源约束等背景下，保障粮食安全面临新的挑战。袁隆平团队不断推进杂交水稻技术创新，从最初一期超级杂交稻的亩产300公斤到后来的亩产800公斤，再到海水稻的研发，始终站在农业科技创新的最前沿。

杂交水稻的成功也为我们思考中国特色经济发展道路提供了一个微观视角。它告诉我们，发展必须立足国情，找准比较优势；创新必须面向国家重大需求，解决“卡脖子”问题；科技必须深入田间地头，真正服务于人民群众的切实需要。正如袁隆平所言：“我有两个梦，一个是‘禾下乘凉梦’，一个是‘杂交稻覆盖全球梦’。”这种将个人奋斗与国家发展、民族复兴紧密联系在一起的精神，正是中国经济持续前进的强大动力。

当我们回望杂交水稻发展的历史长河，不难发现，一粒小小的种子背后，是国家战略的高瞻远瞩，是科学家的执着坚守，是亿万农民的辛勤劳作。这些力量交会在一起，共同谱写了中国人民从温饱不足到小康富裕的伟大篇章。而今天，当我们在餐桌前享用一碗香喷喷的米饭时，不妨想一想田间地头的那些故事，那些力量，方知一粥一饭来之不易。

谷贱伤农，米贵伤民

寒冬时节，辽宁鞍山郊区的农田里，满眼望去尽是一片白。这不是皑皑白雪，而是成片待收的大白菜。当地农户站在田埂上，眉头紧锁。入冬前的一场雨水加上适宜的气温，让这片白菜长势喜人，个个都有十几斤重，菜叶翠绿油亮，菜帮子脆嫩饱满。往年，这时候田间地头应该车来车往，热闹非凡，但 2022 年的冬季却格外冷清。

“今年白菜太多了，价格跌得厉害，收都不值得收。”众多菜农望着地里长势喜人的白菜，语气中满是无奈。2022 年冬，辽宁鞍山地区的农户种植的白菜迎来了丰收，但这丰收不仅没给他们带来预期的收益，反而让许多人陷入了亏损的窘境。

对于这些种植户而言，残酷的经济现实不容忽视：按照当时菜商每斤 3 毛钱的售价计算，一亩地的白菜约有 5000 斤，能卖 1500 元。但种一亩白菜的成本，包括土地流转费、种子、化肥、农药以及劳动力投入，至少要 2000 元。如此一来，一亩白菜就意味着500元的亏损。权衡之下，许多农户作出了一个心痛的决定——放弃收获，任由这些精心培育的白菜烂在地里。

这一幕在2022年冬季的东北地区并非个例。山东青岛平度市大庙庄村的农民更是直面价格雪崩，晚季大白菜的价格跌至惊人的1.2毛钱每10斤，创下历史新低。以往繁忙的田间道路上，往日穿梭的收购车辆踪影全无，取而代之的是荒凉与寂静。北京通州区张家湾镇牌楼营村的农户们也同样面临着白菜卖不出去的困境，1元1棵的白菜收购价，甚至连基本的采收和运输成本都无法覆盖。

这种看似悖论的现象在农业经济学中有一个专门的术语——“谷贱伤农”。从字面意思理解，就是粮食价格低廉反而伤害了农民利益。这一术语凝结了中国农民数千年的经验总结，也反映了农业经济运行的基本规律。那么，为什么农产品的丰收不是农民的福音，反而成了他们的负担呢?

要理解这一现象，我们需要借助经济学中的一个重要概念——价格弹性。所谓需求价格弹性，是指当商品价格发生变化时，消费者购买意愿的变化程度；而供给价格弹性则表示价格变动时生产者供给量的变化幅度。

从微观经济学的视角来看，大白菜作为基础性蔬菜，其需求价格弹性显著偏低。这意味着即使价格大幅下跌，消费者的购买量增长也相对有限。想象一下您自己的家庭消费：即便发现白菜价格降至往年的一半，您的家庭会将日常白菜消费量翻倍吗？答案显然是否定的。作为生活必需品的蔬菜，其消费量主要取决于家庭日常饮食结构和人口数量，而非市场价格的涨跌。这种需求刚性导致了一个残酷的市场现实：供给的增加并不能带来需求的相应增长。

更为关键的是，农业生产具有其特殊性。农民在种植季节开始时就必须投入大量固定成本，包括土地租金、种子购置费、化肥支出以及灌溉设备投入等。这些前期投入一旦完成就无法收回，在经济学中被称为“沉没成本”。当市场价格暴跌时，农民往往不得不以低于成本的价格出售农产品，因为这样至少能够收回一部分成本。这种情况在农业经济中屡见不鲜，构成了典型的“谷贱伤农”现象。

2023 年的农产品市场再次印证了这一经济规律。由于秋冬气温普遍偏暖，露地蔬菜和冷棚蔬菜产量同时激增。加之受前一年价格波动影响，不少农户为降低种植风险，选择了白菜、萝卜等投入较少的品类，却不料众多农户的这种“理性选择”汇集成市场的“集体非理性”，导致了市场供给的结构性过剩。以北京新发地市场为例，萝卜价格从年中的每斤 0.7 元跌至 11 月的 0.3 元左右，大葱价格也从 8 月的每斤 1.4 元降至 0.8 元左右，跌幅均超过 40%。

从经济学角度看，农产品市场的这种周期性波动反映了几个基本特征：首先是供给的滞后性和刚性，农民必须在播种时就决定产量，而收获时的市场情况却难以预测；其次是需求的稳定性，作为基本生活必需品，消费量对价格变化的反应较为迟钝；最后是储存和运输的特殊要求，尤其是鲜活农产品难以长期保存，使供需调节的难度进一步加大。这些因素共同构成了农业经济的独特性，也使单纯依靠市场机制难以实现资源的最优配置。

面对“谷贱伤农”这一农业经济难题，我国政府采取了一系列卓有成效的宏观调控和产业支持措施，构建起保障农民利益与促进农业发展的长效机制。早在2004年，中央就首次提出实施农产品最低收购价政策，首先在稻谷和小麦两个重点粮食品种上试行，为农民构筑了收入“安全网”。

2005年12月29日，十届全国人大常委会第十九次会议决定，自2006年1月1日起，废止《中华人民共和国农业税条例》，全面取消农业税，中国的农业税从此退出历史舞台。这一举措结束了延续两千多年的“皇粮国税”，极大减轻了农民负担。此后多年，中央“一号文件”持续聚焦“三农”问题，不断加大强农惠农政策力度。

在蔬果等鲜活农产品的产销平衡方面，政府同样施展了多项有力举措。首先是建立健全农产品产销信息监测预警系统，通过对“菜篮子”产品的种植面积、生产成本、市场供需等进行动态监测，为农民种植决策提供科学依据，避免“盲目跟风”带来的结构性过剩。

这些富有前瞻性和系统性的政策措施，展现了我国政府对“三农”问题的高度重视和解决复杂经济问题的智慧。通过市场机制与政府调控的有机结合，中国正在探索出一条既保障粮食安全，又维护农民利益，同时满足城乡居民消费需求的农业发展新路径。

面对“谷贱伤农”的经济困境，世界各国采取了不同的应对策略。其中，日本的农业发展道路尤为独特，堪称另辟蹊径。在社交媒体上，常能看到这样的话题：“为什么日本水果那么贵？一个西瓜要卖几百元人民币？”当中国游客在日本超市看到被精心包装、高价出售的单个切片西瓜时，常常感到不可思议。而日本、韩国的游客来到中国，发现中国人习惯把整个西瓜买回家，用勺子挖着吃，也同样震惊不已。这种差异背后，折射的是两种截然不同的农业发展思路。

日本面对“谷贱伤农”的经济困境，选择了农产品精品化的发展方向。通过提升农产品品质和外观，实行高价少量的生产模式来保护农民利益。这一策略的核心支撑是始于1947年的日本农业协同组合（JA）体系。

日本的农业市场以高度保护主义著称。第二次世界大战后，为了解决温饱问题，促进农业生产发展，日本颁布了《农业协同组合法》，在全国范围内组建了日本农业协同工会（JA）。这个组织为日本农民提供全流程服务：从种子、肥料供应和技术指导，到农产品收购、加工和销售，几乎包办了农业生产的各个环节。在这种体系下，超过90%的日本农民都加入了农协，市面上90%的农产品和农副产品都由农协供应，形成了对农业市场的实质性垄断。

正是因为日本农协的垄断地位，使日本农产品市场几乎避免了价格战，拥有很高的定价权。为了最大化利益，日本农协成为农产品奢侈品化的主要推手。这样的发展路径下，农业生产者的利益得到了充分保护。数据显示，2021年，日本农民人均年收入达344万日元，约合17万元人民币。高额的收入鼓励了年轻人从事农业生产，有效规避了“谷贱伤农”的现象，促进了农业的品牌化、标准化发展。

然而，日本的这种农业发展路径也有其弊端。日本农协牢牢掌控着农业各环节，以高于市场价1—2倍的价格向农民提供生产资料，再以高价将农产品销售给消费者，获取巨额利润。这种模式虽然保护了农民利益，却抬高了消费者的生活成本，限制了普通民众的消费选择。“谷贱伤农，米贵伤民”——日本的农业政策解决了前半句，却引发了后半句的问题。

相比之下，中国采取了产量和质量兼顾的发展道路，追求在保障农民收益的同时，让广大消费者都能以合理价格享受丰富的农产品供给。这一成就背后，是无数农业科学家的默默奉献，其中吴明珠院士的故事尤为感人。

吴明珠院士 1930 年出生于武汉，1953 年毕业于西南农学院果树专业，与袁隆平院士是同届校友。大学毕业后，她放弃了留校任教的机会，毅然扎根边疆基层，奔赴千里来到新疆吐鲁番，开创中国甜瓜育种事业。

吴明珠来到新疆时，当地的哈密瓜还处于自然生长状态，品种杂乱，品质不稳定。为了收集优良品种资源，她顶着烈日，冒着风沙，三年内走遍吐鲁番地区 300 多个生产队。1962 年底，在同事们的帮助下，她将吐鲁番地区所属三县的所有甜瓜品种都收集齐全，建立了新疆第一份瓜类资源档案。

从这些材料中，吴明珠院士系统选育提纯了红心脆、香梨黄、小青皮等品种，其中红心脆更是远销香港 30 年不衰，成为最佳育种亲本。在她的主持下，20 世纪 60 年代到 90 年代，选育出 19 个通过省级品种审定的甜瓜、西瓜品种，推广面积覆盖全疆主要商品瓜区的 80%，实现了这些地区甜瓜品种的第一次更新，提高了商品瓜的品质、抗病性和耐运性，延长了优质瓜的供应期。

吴明珠的研究并未止步于此。除常规育种外，她还积极引进高新技术，探索辐照育种、航天育种、转基因育种等前沿领域。在农业农村部的支持下，她还率先在珠海、深圳试验塑料大棚中无土栽培甜瓜的种植模式，一举成功，使哈密瓜实现了南移，走向全国。①

数十年来，吴明珠将自己最美好的青春和大半生的年华奉献给了戈壁沙漠中的育种事业。正是她这样的农业科学家，以坚定的理想信念、高尚的科研道德和无私奉献的精神，不断丰富和优化中国农产品品种，才使今天我们能够以低廉的价格享受到丰富多样的农产品，在保障农民收益的同时避免了“米贵伤民”的困境。

从创办黄瓜研究院的侯峰院士到“池塘养鱼学之父”谭玉钧，无数农业科学家的辛勤工作，为破解“谷贱伤农，米贵伤民”的两难困境贡献了中国智慧。他们的精神也必将激励更多的后来者发奋图强、积极向上、创新建功，在保障国家粮食安全和农民收益的同时，让每一个中国人都能享受到丰富、优质、平价的食物供给。

直播助农——新时代的“谷贵富农”之道

随着经济与技术的发展，移动互联网的逐渐普及使直播成

---

① 陆琦，吴明珠．播种甜蜜［N/OL］．中国科学报，（2013－08－26）［2024－10－07］．https：//news. sciencenet. cn/sbhtmlnews/2013/8/277054. shtm.

为发展潜力巨大的一条赛道，而这也成为农业发展的新契机。以“助农”为主题的“直播电商”兴起，在电商和直播带货的推动下，大量原本“养在深闺”的农产品搭上了“出山进城”的快车。

2023 年，全国农村网络零售额达 2.5 万亿元，比 2014 年增长近 13 倍；全国农产品网络零售额达 5870.3 亿元，同比增长 12.5%。从数字助农到智慧兴农，数字红利是实现乡村全面振兴亟须激活的宝贵资源。尤其是直播助农，让田间地头的农产品畅销全国，激发了农村丰沛的产业活力。

过去，除了在农贸市场直接销售农产品，农民是看不到消费者的。农产品的销售活动，往往要依靠某种中介才能进行。直播助农，则因网络媒体的实时性、互动性等特点，构建了农村市场直接联系外部市场的全新模式。

直播助农为农民提供了通过网络学习自主对接市场的机会。不少农民主播，通过拍摄短视频推广本地农产品。这些销售形式，往往发端于农民的自发主动意识。在这种学习过程中，他们获得了对市场更深刻的理解，并在网络实践中提升了自主营销能力。

直播助农还给基层治理提供了一种新的助益。从脱贫攻坚到乡村全面振兴的有效衔接中，不少政府部门组织了直播助农培训班，由此带动乡村社会中更多组织和个体参与到直播助农中。还有一些政府工作人员也作为直播者，亲身参与到直播助农中，增进了党和人民的鱼水深情。

在这个过程中，直播助农对农村产业的发展起到了不小的促进作用，但作为一种新发展起来的产业模式，农村电商直播还面临一些需要解决的难点。

在农业规模化发展的大趋势下，一些土地流转比例较高的村落，直播助农主要体现在合作社或农业企业等组织层面。然而，大多合作社经营者、土地流转的承包大户等主要专注于农业生产过程，在农业产品营销中则多采用组织与组织之间的定点销售模式，直播助农这一促进农村产业发展的形式，在这些地方容易被忽视。

直播在乡村社会中的广泛应用，主要是作为农民展示日常生活的娱乐形式。直播助农则是一种功能性导向的直播，需要专业、系统的培训和实践。如果直播电商只能让部分具有成熟专业直播技能的农民受益，则无法实现其本该具备的普惠价值。

此外，整个产业链上的利益分配也可能出现问题，导致"谷贵"是贵了，但好处却无法真正落到农民身上。例如，东方甄选就曾多次因玉米价格问题遭受质疑，不少人就东方甄选本身究竟攫取了多少利润，而生产玉米的农民又是否能够赚到钱而质疑。"谷贵真的能够富农吗?"这个问题值得考量。

农产品直播业不能满足于把农民的货卖出去，还要让农民更多分享产业链上的利润，这是农产品营销模式创新的意义之一。如果一种农产品营销模式只是企业和网红的盛宴，而不能更多惠及农民，那这种模式的意义就很有限。

如何通过直播助农普惠更多农民呢?

首先，要针对不同村落的发展状况设计直播助农的多样化路径，施足政策“底肥”。特别是对合作社、土地流转大户进行直播助农人才的培育、引进与扶持。通过组织直播技巧培训班、新媒介素养提升培训班，提升农村居民的全媒介素养。

其次，出台人才政策，吸引数字人才扎根农村。目前，有一些地方出台了引进人才政策，提供直播场所和设备，邀请各界人才来农村创业，拓展直播助农的规模和效益。

最后，要从乡村治理的维度思考直播助农，将其作为数字乡村治理的一个重要内容。整合各方力量推动本地直播助农，使其成为农村电商发展的助推器，农业品牌的展示者、塑造者和承载者。如此，才能真正让好处落到农民头上，实现新时代的“谷贵富农”。

冷链物流和外卖小哥

随着时代的变迁，我们的用餐方式正在经历着一场深刻的变革。对于今天在大城市独自打拼的年轻人来说，自己做饭实在是有难度的事——快节奏的生活和工作让烹饪成为一种奢侈。与之相反，外卖产业和新鲜食材配送服务备受欢迎：今天，打开手机 APP 轻点几下，热腾腾的外卖就会在短短半小时内送到门口；新鲜的蔬果、海鲜等食材也能在当天送达，保持着原产地的鲜活味道。

在这个快节奏的时代，外卖和生鲜配送犹如两匹“黑马”，以惊人的速度闯入了千家万户的餐桌。根据中国烹饪协会的数据，2023 年中国外卖行业的市场规模已突破万亿元大关；而观研报告网数据则显示，生鲜电商市场交易规模从 2016 年的 914 亿元增加到 2023 年的 6424.9 亿元，增长率超过 600%。这不仅改变了我们的就餐和购物方式，更深刻地影响着整个餐饮和零售产业的格局。

外卖平台的兴起，让我们足不出户就能品尝到各式各样的美食。从街边小吃到高档餐厅，从中式快餐到异国风味，琳琅满目的选择满足了我们挑剔的味蕾。与此同时，盒马鲜生、美团买菜、京东买菜等生鲜电商平台的崛起则缩短了食材从田间到餐桌的时间，让城市居民也能轻松获取来自全国各地甚至全球各地的新鲜食材。

然而，当我们沉浸在这份便利带来的美好时光里，是否也应该停下脚步，思考一下：这种改变给我们的生活带来了什么？我们的传统饮食文化将何去何从？家庭聚餐的温情会否逐渐消逝？我们与食物的关系是否正在变得疏离？

更进一步地，产业变革所带来的生活方式的变迁，总是伴随着经济和社会的变革。我们还需要考虑这些新兴产业带来的社会影响。它们为消费者提供了更多元化的选择，为餐饮业和农业注入了新的活力，也为相关产业链创造了大量的就业机会。与此同时，外卖小哥们风里来雨里去，为我们送来便利的同时，他们的权益是否得到了应有的保障？冷链物流的建设是否能跟上生鲜消费的爆发式增长？食品安全和质量又该如何保证？

面对这场餐桌革命，我们既要拥抱变革，享受科技进步带来的便利，也要保持理性思考，在传统与创新之间寻找平衡。

外卖：从单一平台到市值万亿

2009 年 4 月，饿了么平台正式上线，揭开了一场关于餐桌的“静悄悄”的革命。近年来，外卖产业在中国迅速崛起，成为现代都市生活中不可或缺的一部分。随着城市化进程的加速和生活节奏的加快，越来越多的消费者开始依赖外卖服务解决日常餐饮需求，外卖经济也从单一的餐饮配送，逐渐发展为覆盖商超、医药、鲜花甜品等其他产品品类的即时配送行业。

这种蓬勃发展的外卖经济背后，是一系列科技进步的推动。智能手机的普及、移动支付的便捷性以及大数据的应用，为外卖行业提供了强大的技术支撑。通过移动应用，消费者可以轻松浏览附近的餐厅，查看菜单、下单、支付，并实时跟踪外卖的配送进度。外卖平台通过大数据分析，精准预测消费者的需求，并优化配送路径，提高了整体运营效率。

外卖经济的快速发展，本质上是供需关系的高度契合。消费者需求方面，现代生活节奏的加快使许多人没有时间和精力自己做饭或外出就餐，特别是在一二线城市，工作压力大、加班频繁，使外卖成为理想的选择。此外，外卖提供了丰富的选择和高度的便利，消费者可以在短时间内享受到各种美食，而不必忍受排队等待或交通拥堵。

商家供给方面，外卖平台的兴起使餐饮商家看到了新的商机。为了满足外卖市场的需求，许多餐饮企业调整了经营模式。部分商家专门开设了“外卖厨房”或“云厨房”，这些厨房不对外开放堂食，而是专门为外卖订单服务。通过外卖平台，商家可以利用数据分析来预测高峰时段的订单量，并合理安排人力和物资，避免浪费。

外卖经济的社会影响不仅体现在消费者的生活方式改变上，还对社会经济产生了深远的影响。就业机会方面，外卖行业创造了大量的就业岗位。尤其是随着外卖需求的增加，外卖员的数量也在急剧增长。这些外卖员大多是灵活就业人员，他们可以自由选择工作时间，满足了现代社会对灵活就业的需求。与此同时，外卖平台也为一些劳动密集型餐饮企业提供了新的发展机会，带动了餐饮行业的就业增长。

在餐饮业变革方面，外卖的兴起迫使传统餐饮企业重新思考其经营模式。许多商家开始重视线上销售渠道，甚至一些原本主要依赖堂食的餐厅也开始在外卖平台上布局。此外，外卖平台的数据分析能力使商家能够更好地了解消费者的喜好，从而进行精准营销，提升客户满意度。

根据艾瑞咨询的测算，2023 年我国即时配送规模达 3400 亿元，同比增长达 24.6%。在线外卖用户规模达 5.3 亿人，占网民比重的近 50%，拥有极高的渗透率。从订单数方面来看，2022 年餐饮外卖订单数达到 176.702 亿单，比上年增长约 30 亿单。持续的增长趋势显示出中国外卖经济的蓬勃发展势头。更令人瞩目的是，根据最新的数据，2023 年中国在线餐饮外卖行业市场规模继续保持增长态势，进一步巩固了外卖行业在餐饮消费市场中的重要地位。

值得注意的是，外卖行业的发展不仅局限于一二线城市，还在加速向下沉市场渗透。艾媒咨询的数据显示，乡镇外卖市场正成为新的增长点。随着城镇化进程的推进和农村消费水平的提升，乡镇居民对外卖服务的需求也在不断增加。这不仅为外卖平台带来了新的市场机遇，也为乡镇经济的发展注入了新的活力。

然而，尽管外卖经济发展迅速，但也面临诸多挑战。行业监管与挑战方面，食品安全、配送安全、劳动保障等问题成为外卖行业不得不面对的难题。食品安全是最受关注的问题之一，由于外卖订单多、时间紧，部分商家可能会忽视食品卫生，给消费者带来健康风险。配送安全也是一大隐患，外卖员为了追求速度，往往会超速行驶或忽视交通规则，造成交通事故。

此外，外卖员的劳动保障问题也亟待解决，许多外卖员缺乏基本的社会保障，工作环境不够稳定。同时，配送单价存在逐年降低的显著趋势：2018 年餐饮外卖配送的平均单价是 5.15 元，而到了 2022 年，这一数字下降为 4.54 元，降幅近 10%。这种趋势不仅影响了外卖员的收入，也可能对服务质量产生负面影响。

在未来发展趋势方面，智能配送、无人配送等方向是即时配送行业发展的重要方向。随着科技的进步，人工智能和机器人技术将逐步应用于外卖配送中，提升配送效率并降低人工成本。此外，虚拟餐厅的出现也将为外卖行业带来新的增长点。这些虚拟餐厅没有实体店铺，专门通过外卖平台运营，能够更好地满足消费者的个性化需求。

另一个值得关注的趋势是预制菜市场的快速发展。预制菜作为一种新兴的餐饮形式，正在成为外卖行业的重要补充。以水产预制菜为例，这个细分市场正在迅速扩大，吸引了国联水产、百洋股份等上市公司的关注和投入。预制菜不仅能满足消费者对便捷性的需求，还能保证食品的安全性和新鲜度，有望成为外卖行业的新增长点。

然而，在外卖行业持续发展的同时，如何平衡经济效益与社会责任，特别是在环境保护方面，将是一个重要的课题。外卖行业的快速发展带来了大量的塑料包装废弃物，这对环境造成了不小的压力。未来，外卖平台和餐饮商家需要共同努力，探索更加环保的包装方案，推广可降解材料的使用，以实现可持续发展。

总的来说，外卖经济是中国经济快速发展的一个缩影。它不仅反映了消费结构的变化，也展示了科技进步对生活方式的深远影响。通过外卖经济的发展，我们可以看到中国经济的转型与升级，感受到现代科技带来的生活便利，也需要思考如何在享受便利的同时，承担起应有的社会责任。未来，随着技术的进步和市场的成熟，外卖行业有望在解决当前面临的挑战的同时，继续为消费者提供更加优质、便捷的服务，为中国经济的高质量发展贡献力量。

“从田间到餐桌”——冷链物流与生鲜配送的发展

随着中国经济的快速发展和居民消费水平的不断提升，人们对食品质量的要求越发严苛，特别是对于新鲜度、安全性和多样性的追求更为强烈。这种消费需求的变化催生了我国冷链物流和生鲜电商行业的蓬勃发展，正如我们所见证的，盒马鲜生、美团买菜、京东买菜等平台的崛起，成为中国消费升级的一个鲜明缩影。

冷链物流作为一种特殊的物流形式，通过全程温控系统确保易腐食品（如肉类、水产、蔬果等）在储存和运输过程中始终保持适宜的低温环境，最大限度地延长食品的保鲜期。冷链物流的发展实质上是解决了信息不对称和交易成本问题，让原本受限于地域和时间约束的生鲜交易变得更加高效和广泛。伴随着我国冷链物流基础设施的不断完善，生鲜食品的流通半径得以扩大，区域价格差异逐步缩小，市场配置效率显著提升。

纵观我国冷链物流的发展历程，可以清晰地看到行业规模的迅猛增长。根据智研咨询发布的数据，2024 年我国冷链物流市场总收入达 5361 亿元，同比增长 3.7%，这一庞大的市场规模反映出冷链物流在现代供应链体系中的地位日益重要。特别是在生鲜电商的带动下，冷链物流的末端配送能力得到了前所未有的重视。

冷链物流产业链的发展展现了现代供应链的复杂性和系统性。从上游的冷库建设、制冷设备制造，到中游的温控运输、信息系统开发，再到下游的配送网络和终端服务，每一环节都需要精准协调和高效运作。特别值得关注的是，随着物联网、大数据、人工智能等技术在冷链领域的广泛应用，温湿度监控、路径优化、需求预测等关键环节实现了智能化升级，大幅提升了整个供应链的效率和可靠性。

在实际运营中，盒马鲜生的“前店后仓”模式和“30 分钟达”服务尤为引人注目。这种创新模式将零售、餐饮和物流配送有机融合，通过城市冷链仓配一体化运营，实现了生鲜食品从产地到消费者餐桌的高效流通。盒马鲜生的门店可辐射 3 千米范围内的居民区，平均配送时间不超过 30 分钟，极大地提升了消费体验。这种模式不仅改变了传统的零售格局，也重塑了消费者的购物习惯。

美团买菜和京东买菜则采取了不同的策略，通过前置仓模式和社区团购模式，降低了冷链配送“最后一公里”的成本，同时提高了配送效率。在这些平台的运营逻辑中，我们可以看到规模经济、范围经济和密度经济的综合应用。通过集中采购减少中间环节，共享配送网络降低单位成本，密集覆盖提高单位面积的订单量，最终实现了生鲜商品从“昂贵”到“价廉”的转变。

从产业经济学视角来看，冷链物流的发展加速了生鲜产业的供给侧结构性改革。传统农产品流通中存在的“信息孤岛”“中间环节多”“损耗率高”等问题得到了有效解决。特别是在产地端，冷链设施的普及推动了规模化种植和标准化生产，农产品的商品化率和附加值显著提高。江苏省冷链学会的数据表明，建立完善的冷链系统后，农产品的损耗率，特别是果蔬类产品的流通损耗，可从传统流通渠道的20%—30%降至10%以下，直接提高了农业生产效益和农民收入。

在消费端，冷链物流和生鲜电商的发展拓宽了城市居民的食品选择空间。过去难以获取的季节性和区域性食材，如西北的哈密瓜、东北的大米、南方的荔枝等，如今可以常年在全国各地的餐桌上出现。这种消费体验的提升不仅满足了人们日益多元化的饮食需求，也促进了区域经济的协调发展和文化交流。

然而，冷链物流的迅速发展也面临着一系列挑战。首先是成本压力。相比普通物流，冷链运输的能耗更高，设备投入更大。这种成本压力在末端配送环节尤为明显，成为制约行业发展的重要因素。其次是标准化程度不足。尽管国家相关部门已出台多项冷链物流标准，但在实际操作中，不同企业的温控标准、操作规范和质量管理体系仍存在较大差异，影响了整个产业链的协同效率。

食品安全问题也是冷链物流面临的重要挑战。冷链断链现象在实际运营中时有发生，特别是在物流交接和末端配送环节。一旦冷链断裂，不仅会导致食品品质下降，更可能引发食品安全事故。此外，冷链物流的碳排放问题也日益受到关注。相比普通物流，冷链物流的碳排放强度远远超出物流业的平均水平，如何在满足消费需求的同时降低环境影响，将是行业可持续发展的关键。

展望未来，中国冷链物流行业的发展前景依然广阔。随着城镇化进程的深入和居民收入水平的提高，生鲜消费市场将保持稳定增长。特别是在三四线城市和农村地区，冷链物流的渗透率仍有较大提升空间。同时，新一代信息技术与冷链物流的深度融合，将催生更多创新模式和应用场景。例如，基于区块链技术的食品溯源系统、自动驾驶技术在冷链运输中的应用、AI 赋能的需求预测和库存管理等，都将为行业发展注入新的活力。

从政策层面看，国家已将冷链物流列为现代物流体系建设的重点领域。国务院印发的《“十四五”冷链物流发展规划》

指出，应全面建成现代冷链物流体系，设施网络、技术装备、服务质量达到世界先进水平，行业监管和治理能力基本实现现代化，有力支撑现代化经济体系建设，有效满足人民日益增长的美好生活需要。这一政策导向将为行业发展提供强有力的支持。

冷链物流和生鲜电商的蓬勃发展，不仅改变了我们的饮食生活，更深刻地影响了整个农产品供应链体系。它在提升消费体验的同时，也促进了农业现代化和农村经济发展，成为连接城乡和融合一、二、三产业的重要纽带。从这一变革中，我们可以清晰地看到中国经济结构优化升级的方向和动力，也可以感受到科技创新对生产生活方式的深远影响。

随着冷链物流的进一步完善和生鲜电商模式的持续创新，“从田间到餐桌”的距离将越来越短，中国消费者将享受到更新鲜、更安全、更丰富的食品选择，中国农民也将获得更广阔的市场和更稳定的收益。这一转变不仅是物流方式的变革，更是中国经济高质量发展的生动写照。

食品国际贸易

在当代中国的城市生活中，食品国际贸易早已渗透进每个人的日常生活。走进一座现代化的大型超市，琳琅满目的进口食品映入眼帘：智利的车厘子、澳大利亚的牛肉、泰国的榴莲、法国的葡萄酒，这些来自世界各地的美食不仅丰富了消费者的选择，更打破了季节和地域限制，让人们不再受限于本地的水土气候条件。这种便利已然成为现代中国消费者日常生活中不可或缺的一部分，也成为观察中国经济全球化程度的一个重要窗口。

从这些日常消费现象中，我们不禁开始思考：是什么样的经济机制让不同国家之间能够产生食品贸易？这种贸易又如何影响着参与其中的各个经济主体？要回答这些问题，我们需要从历史与理论的双重维度进行深入探讨。

历史告诉我们，食品国际贸易并非现代社会的专利。早在汉朝时期，中国就凭借其先进的农业技术，将丝绸、茶叶等农业产品作为重要的商品输出到西域。与此同时，西域国家则以其特有的香料、水果和葡萄酒闻名于世。

这种贸易关系的形成源于双方各自独特的生产优势：中国的农业文明使茶叶成为珍贵的商品，而西域国家得天独厚的地理环境则培育出了独特的香料和水果。在张骞出使西域后，这种贸易关系得到了进一步加强，中国输出茶叶和丝绸，引进了葡萄、石榴、胡椒等多种作物，极大地丰富了国内的饮食文化。这段历史生动地展现了早期食品国际贸易的本质：各国通过交换各自最具优势的农产品，实现资源的优化配置，满足双方需求。

为了更深入地理解食品国际贸易的经济学原理，让我们从日常生活中常见的中泰食品贸易现象切入。在中国的超市中，泰国的香米、椰汁和热带水果随处可见；而在泰国的市场上，中国的苹果、梨和加工食品又占据了重要份额。这种贸易现象背后，正是经济学中绝对优势和比较优势理论的生动体现。

18 世纪末，亚当·斯密在其划时代著作《国富论》中首次系统阐述了国际贸易的绝对优势理论。这一理论认为，如果一个国家在某种商品的生产上比其他国家更有效率（即用更少的资源投入生产出相同的产出），那么这个国家就在该商品生产上具有绝对优势。按照这一理论，各个国家应该专注于生产自己具有绝对优势的食品，然后通过国际贸易来获取其他食品，这样可以实现资源的最优配置，提高各国的整体福利水平。

这一理论的重要意义在于，它第一次从经济学的角度系统解释了为什么国家之间应该进行食品贸易，而不是追求自给自足。在工业革命初期，这一理论为英国等欧洲国家积极开展国际贸易提供了有力的理论支持，推动了世界经济的发展。然而，随着经济学理论的深入发展，学者们发现绝对优势理论存在一个重要缺陷：它无法解释为什么经济较为落后的国家也能从国际贸易中获益。例如，如果一个发达国家在所有食品的生产上都具有绝对优势，那么按照这一理论，发展中国家似乎就无法从事任何有利可图的国际贸易了。但这显然与现实不符——在当今世界，众多发展中国家虽然在生产效率上普遍落后于发达国家，却依然积极参与食品国际贸易并从中受益。

正是为了解决这一理论难题，19 世纪初，英国经济学家大卫·李嘉图提出了比较优势理论。这个理论的核心观点是：即使一个国家在所有食品的生产上都不具备绝对优势，只要它在某些食品上的相对效率（或相对成本）比在其他食品上高，就仍然可以通过专业化生产和国际贸易获得收益。这里的关键在于机会成本的概念——为了生产某种食品而必须放弃的其他食品的数量。

比较优势理论的重要突破在于，它揭示了即使是最不发达的经济体，也总能找到适合自己的国际分工定位。这一发现对于理解现代全球食品贸易体系具有深远的意义。我们可以通过中国与泰国之间的农产品贸易关系来理解这一理论的实际应用。

尽管中泰两国在不同农产品领域都具有各自的优势，但为了简化分析，我们假设中国在温带水果（如苹果）生产方面更具效率，而泰国在热带水果（如芒果）方面更为擅长。具体而言，我们假设中国每小时能够生产 20 吨苹果或 10 吨芒果，而泰国每小时能够生产 4 吨苹果或 9 吨芒果。

从数据上看，中国在两种水果的生产上似乎都占据优势。无论是苹果生产上的 20 吨比 4 吨，还是芒果生产上的 10 吨比 9 吨，中国都展现出了更强的生产能力。然而，当我们深入分析两国的机会成本时，情况就变得颇为有趣了。

对中国而言，如果要生产 1 吨苹果，就需要放弃 0. 5 吨芒果的生产机会——因为用生产 20 吨苹果的时间去生产芒果，可以得到 10 吨。同理，如果中国要生产 1 吨芒果，就必须放弃 2 吨苹果的生产机会。而在泰国，生产 1 吨苹果意味着要放弃 2. 25 吨芒果的生产机会，生产 1 吨芒果则需要放弃 0. 44 吨苹果的机会。

通过这样的比较，我们可以发现一个有趣的现象：虽然中国在绝对产量上占优，但在芒果生产的机会成本方面，泰国实际上具有明显的优势——生产每吨芒果只需放弃 0. 44 吨苹果，远低于中国的 2 吨苹果。这就是泰国在热带水果上的比较优势所在。同样，中国在生产苹果时的机会成本更低，0.5 吨芒果小于泰国的 2.25 吨，这是中国的比较优势。

基于这种比较优势，两国可以建立互利共赢的食品贸易关系。如果双方都专注于生产自己具有比较优势的产品，然后通过贸易进行交换，最终的总产出会超过各自独立生产的情况。

在没有贸易的情况下，如果两国都将时间平均分配用于生产两种水果，中国在半小时内可以生产 10 吨苹果和 5 吨芒果；而泰国在相同的时间分配下，能够生产 2 吨苹果和 4.5 吨芒果。这种生产方式看似平衡，但实际上并未充分发挥各自的优势。

当两国开始进行贸易合作，中国开始将全部时间用于苹果生产，一小时内可以生产 20 吨苹果；同样地，泰国也专注于自己最具优势的芒果生产，一小时内可以生产 9 吨芒果。接下来，双方按照一定比例进行交换，例如，用 9 吨苹果换取 5 吨芒果。经过这样的贸易，中国最终拥有了 11 吨苹果和 5 吨芒果，比原来分别多出了 1 吨和 0 吨；而泰国则获得了 9 吨苹果和 4 吨芒果，虽然芒果量略少了 0.5 吨，但苹果量增加了整整 7 吨。这个结果清楚地展示了专业化生产和贸易所带来的巨大收益。

这种贸易模式在实际中的体现更为复杂多样。我们可以从山东烟台的苹果种植企业和泰国清迈的芒果出口企业的合作中看到类似的互利关系。烟台苹果产业凭借适宜的气候条件和先进的种植技术，生产出品质上乘的苹果；而泰国企业则依靠其在热带水果培育方面的天然优势，生产出风味独特的芒果。通过贸易，中国消费者能够在冬季享用到新鲜的泰国芒果，而泰国居民也能够品尝到口感脆甜的中国苹果。这种贸易不仅丰富了两地消费者的饮食选择，也促使两地农业企业在各自擅长的领域不断提升竞争力。

这种基于比较优势的食品贸易模式不仅带来了数量上的增长，更在根本上推动了农业经济发展的多个层面。首先，专业化生产使各方都能够集中资源在最具优势的农产品领域，通过规模经济效应降低生产成本，同时在专注度提升的过程中不断改进技术，提高生产效率。以中国的苹果产业为例，正是通过专业化生产和出口导向战略，中国在这一领域形成了从种植、储存、分级、包装到运输的完整产业链，大幅提升了整体效率和国际竞争力，使中国成为世界第一大苹果生产国和出口国。

其次，国际食品贸易带来的竞争促使农业企业持续提升自身实力，不断改进产品质量，推动技术创新，这种优胜劣汰的市场机制进一步推动了资源向高效率部门集中。在乳制品产业的发展历程中，中国企业正是面对新西兰、澳大利亚企业的强烈竞争压力，不断提升食品安全标准，改进生产工艺，最终在国内市场上赢得了消费者的信任，同时也开始向东南亚等地区出口高质量的乳制品。

对于消费者而言，食品国际贸易带来了更加丰富的饮食选择、更具竞争力的价格以及不断提升的食品质量，极大地改善了人们的生活水平。漫步在上海、北京等大城市的高端超市，从日本的和牛到法国的奶酪，从意大利的橄榄油到智利的葡萄酒，消费者可以便捷地获取全球各地的优质食品，这种饮食体验在几十年前是难以想象的。

更进一步来看，食品国际贸易对农业经济发展的影响是深远而全面的。它推动着各个国家和地区的农业结构不断优化调整，促进资源配置更加合理，推动农业现代化和食品加工业升级。在全球范围内，食品国际贸易正在加深各国之间的农业分工协作，促进农业技术的跨境流动，加强各国食品安全合作。这种紧密的经济联系不仅创造了更多的发展机会，也在很大程度上增强了全球食品供应链的韧性和活力。

这种基于比较优势的食品国际贸易理论，在现代全球农业经济中得到了广泛应用。例如，中国在改革开放初期，正是依托劳动力成本优势和土地资源优势，通过发展劳动密集型的蔬菜种植和水产养殖参与国际分工，逐步实现了农业经济的快速发展。在此过程中，沿海地区的无数农业企业，从最初的简单种植养殖起步，通过与国际市场的深度融合，不断提升技术水平和质量标准，实现了从传统农业向现代农业的转变。

云南的鲜切花产业是这一过程的典型代表。得益于独特的气候条件和丰富的物种资源，云南逐步发展成为亚洲最大的鲜切花生产基地。从最初的玫瑰、百合等传统花卉种植起步，通过引进国际先进品种和种植技术，不断提升产品质量和附加值，云南鲜切花成功打入日本、韩国、俄罗斯等高端市场，2024年的年出口额达到7.4亿元人民币。在这个过程中，云南不仅充分利用了自身在气候和土地方面的比较优势，还通过技术创新不断提升自身在花卉产业价值链中的位置，展现了比较优势理论在农业实践中的动态应用。

随着农业科技的发展和消费需求的升级，中国食品产业的比较优势也在不断升级，从最初的初级农产品出口，逐步向高附加值的深加工食品和特色餐饮方向转变。在中国传统食品领域，像老干妈辣酱、王守义十三香等产品凭借其独特的风味和品质，不仅在国内市场广受欢迎，更通过海外华人社区逐渐走向国际市场，成为中国食品走向世界的代表。

与此同时，中国餐饮企业的国际化步伐也在加快。海底捞、西贝莜面村等中国餐饮品牌纷纷在新加坡、日本、美国等国家开设分店，将中国特色美食带向全球。在这一过程中，这些企业不仅带去了独特的食品和烹饪技艺，更输出了中国特色的服务文化和经营理念，形成了新的比较优势。以海底捞为例，其“服务至上”的经营理念在国际市场上独树一帜，成为吸引海外消费者的重要因素，也为其全球扩张奠定了坚实基础。

当今世界正面临着前所未有的复杂局面，单边主义和贸易保护主义抬头，全球食品供应链面临重构的压力。在这样的背景下，更加深入地理解和把握比较优势理论在食品贸易中的应用，坚定不移地推动农产品贸易自由化和投资便利化，对于促进世界农业经济的复苏与增长具有重要意义。在经济全球化的今天，各国只有通过开放合作，相互融通，才能实现更加包容、普惠、平衡的发展，共同创造人类更加美好的饮食生活和未来。

第3章

住

居住条件和居住环境的变迁

1950—1952 年，百废待兴的中国正全力应对战后重建和经济复苏的挑战，都市工人的居所问题却不容忽视。政府随即采取行动，投入巨资对城市破旧房屋进行整修改造，同时新建了数批工人宿舍，为部分劳动者提供了栖身之所。不过，由于当时建设进度受限，加上旧有建筑使用年限较长，城市住房的革新步伐明显慢于居民在衣、食和出行方面的变迁。

新中国成立之初，全国居民的住房状况普遍简单、粗糙，城市家庭的烹饪和如厕空间都十分局促。尽管环境艰难，但我国的建筑业仍取得了一定发展，尤其是民用住宅方面的发展为居民带来了较好的居住体验。当时的城市住房多为单位所有并统一分配。20 世纪六七十年代，随着国内经济形势的起伏，建筑行业也经历了诸多波折。那时的城市住宅仍显简陋，多为三层建筑或平房，户型设计单一，每户仅一间，没有露台，楼内共用厨卫设施，空间拥挤。而平房区的居民则需自建厨房，使用公共厕所。

改革开放之初，国民尚未完全摆脱温饱之忧，无暇他顾。城市各处可见连片的棚户区，街巷角落随处可见倾斜搭建的灰暗砖房。20 世纪 80 年代后期，国家加大了住宅建设力度，新落成的住宅楼外形规整划一，普遍配备了阳台和独立厨卫，提升了我国人民的居住条件。

到了 20 世纪 90 年代初期，我国开始推动住房制度的深度改革，住房商品化从此时开始。除了可以购买单位分配的住房外，市民还可以参与单位集资建房或自主购买商品房。迈入 21 世纪后，居民可依据个人经济能力在市场上自由选购房产。与此同时，为照顾中低收入群体，政府也推出了经济适用房和限价房等保障性住房项目。至此，中国城市居民终于实现了世世代代追求的安居梦想。

居住环境方面，新中国成立初期，城市居民居住环境极度恶劣是一个普遍的现象，更遑论农村居民。据统计，在当时的 166 个省级城市所有的居住房屋中，一半以上都是破旧和危险房屋。[①] 在恶劣的房屋条件之外，更糟糕的是当时很多城市中的卫生状况。在今天，城市的卫生条件良好，已经很少再能见到老鼠、跳蚤等。但在当时中国的城市里，随处都有可能见到蚊、蝇、跳蚤滋生。害虫的泛滥导致疫病的传播，随时威胁着

---

① 崔义田．我国第一个五年计划期间的人民卫生事业［J］．医学史与保健组织，1957（4）．

人民的生命健康。

“安得广厦千万间，大庇天下寒士俱欢颜”，民有所居、居有所安是中华民族千百年来不变的追求。现如今，从城市垃圾分类，到农村人居环境整治提升，人民居住条件的改善，恰恰反映了新中国成立以来我国在经济发展和城乡建设上的伟大成就，反映的是中华民族伟大复兴的宏伟历程。

北京：从“龙须沟”到垃圾分类

2020 年 5 月 1 日起，生活垃圾分类在北京正式开始全面实施。垃圾分类是城市环境卫生建设的重要步骤，也是推动实现绿色可循环发展的重要举措。通过垃圾分类，垃圾处理更加高效，让我们的城市变得更加干净、整洁，改善了人民的生活环境，满足了人民群众对美好生活的需要，是习近平新时代中国特色社会主义思想落到实处的体现。

如今，漫步北京，映入眼帘的大抵是干净、整洁且美观的街道，这是今天的我们非常熟悉的景象。然而，在 70 多年前，居住环境却远远没有今天我们所习惯的这般整洁、美好。

作为一个在北京生活过的人，笔者能深切感受到这座城市的巨大变迁。现代的北京已然是一座整洁而繁华的国际化都市，但若将时光倒转至新中国成立之初，你会看到一幅截然不同的景象：城中垃圾成堆，有些垃圾山甚至高过房屋和城墙。更令人惊讶的是，部分垃圾堆的历史可以追溯到明朝，持续累积了三五百年之久。当时的北京还遍布着数千个粪便池场，这些污染源严重威胁着市民的身体健康。①

面对如此严峻的环境问题，当时的北京市政府采取了积极的行动。他们设立了清运垃圾总会，并在各区建立分会，发动群众参与环境整治。这项行动得到了全市人民的积极响应，驻京部队和各机关单位也投入大量人力物力支持。通过一年不懈的努力，他们清理了近 60 万吨的历史遗留垃圾和粪便。不仅如此，他们还将分散在各处寺庙、医院和会馆的 3700 多具灵柩迁出城外安葬，腾出的 1290 多间房屋得以重新分配使用。②这种全民参与的治理方式与新中国成立前形成鲜明对比——之前政府不仅对贫民区不闻不问，还向民众收取清理垃圾的费用。

在新中国成立前，中国许多城市的水系都处于失修状态。以北京为例，著名的“四海”（积水潭、什刹后海、前海、四小海）和“三海”（北海、中海、南海）都已沦为死水。天津的“四方坑”、上海的“臭水滨”等地也面临相似的困境，河

① 《当代中国的北京》编辑委员会. 当代中国的北京（上）[M]. 北京：中国社会科学出版社，1989：68.

② 姜立勋. 第一、六、七等区各界人民代表会议将着重解决居民福利问题，现正经过群众座谈会等集中各界意见 [N]. 人民日报，1950 - 05 - 27.

道淤塞，水质污浊。

这段历史在文学作品中也留下了深刻的印记。老舍先生的话剧《龙须沟》便生动描绘了北京解放初期的环境治理故事。剧中的龙须沟位于天坛北侧，是外城的主要排水沟渠，承载着城市的污水和雨水。由于长期缺乏管理，这里不仅成为北京最大的臭水沟，还发展成为最大的贫民聚居区。

剧中主要描写了居住在这里的几户人家的遭遇：收破烂的单家、修鞋的康顺子一家以及开杂货铺的刘麻子等。在中国共产党的领导下，居民们团结起来，与反动势力和地主进行斗争，最终改造了龙须沟这个贫民区，建设了新的居民区。整部作品通过龙须沟的改造，展现了新中国成立初期人民生活的改变，以及中国共产党为人民服务的精神。剧中既有对旧社会的批判，也展现了新社会带来的希望，是一部具有深刻现实意义和艺术价值的作品。

老舍的《龙须沟》不仅是一部文学作品，更是一面镜子，真实映照出北京在新中国成立前后的巨大变迁。在清朝末年直至新中国成立前的漫长岁月里，北京的水系一直处于失修状态：城区引以为傲的“四海”和“三海”已面目全非，河岸普遍坍塌，杂草疯长。更糟糕的是，这些水域成为污水的汇集地，河岸堆满垃圾，水面漂浮着各种污物。

北京获得解放后，尽管面临着严重的财政困难，市政府仍然下定决心整治城市水系。他们不仅对现有河湖进行疏浚治理，还采取了富有创意的方案——将一些臭水坑和低洼积水区改造成湖泊，并将它们纳入城区水系网络。这一系列措施不仅解决了城市排水难题，也在改善公共卫生环境方面迈出了重要的第一步。

1950年就挖出污泥140多万平方米。[①] 1950年和1951年两年内疏浚湖泊、河道、下水道，共掏挖淤泥254多万立方米，如按1立方米重1吨，以载重30吨的火车厢装运，需要8.47万节车厢；把这些车厢排列起来，长达1200多千米，可以从北京一直排到汉口[②]。三年共疏浚“湖泊7个，水面面积125公顷，新挖湖泊3个，水面面积64.2公顷，整治河道15条，长约85公里。”[③]这极大程度上改善了城区和郊区沿河居民的生活环境。

老舍以此为题创作的话剧《龙须沟》不仅在北京引起轰动，更在全国范围内激起强烈共鸣。这部作品的影响力引发了实际行动：1951年，北京市政府完成了对全部16条下水道系统的彻底整修。不仅如此，在短短两年间，北京市政府还建设了总长达80千米的新下水道网络。这些基础设施的改善为北

---

① 《当代中国的北京》编辑委员会．当代中国的北京（上）［M］．北京：中国社会科学出版社，1989：69.

②③ 《当代中国的北京》编辑委员会．当代中国的北京（上）［M］．北京：中国社会科学出版社，1989：70.

京的环境卫生带来了显著提升，标志着这座古都正在迈向现代化的进程中。

上海：棚户区换新颜

新中国成立初期，城市居住环境堪忧，住房质量呈现出显著的阶层差异。除了少数在新中国成立前由权贵阶层居住的高品质住宅外，超过半数的劳动人民都蜗居在危房和棚户区中[①]。这一现象在新中国成立前的上海表现得尤为突出。由于租界割据的历史遗留问题，上海的城市建设呈现出布局紊乱、标准不一的特点，市政公用设施残缺不全。

当时，上海全市散布着超过320处棚户区，这里居住着大量劳动人民。这些区域的生活条件极其艰苦，不仅缺少最基本的自来水和电力供应，连最基础的公共设施也几乎没有。这反映出当时上海城市发展的严重不均衡状况。上海的药水弄堪称旧时代工人居住环境的缩影：臭水沟裸露在外，没有任何地下排水设施，垃圾遍地可见，蚊虫肆虐成灾。在这样恶劣的环境下，疫病频发，居民的死亡率居高不下。

而在肇嘉浜地区，情况更为严峻。这片区域的困境可以追

---

① 崔义田．我国第一个五年计划期间的人民卫生事业［J］．医学史与保健组织，1957（4）．

溯到上海开埠时期，当时沿岸工厂林立，污水横流。到了 20 世纪 30 年代，大量逃难的灾民在此搭建起简陋的棚户，逐渐发展成为旧上海规模最大的滨水棚户区。当时的居民回忆描绘了令人辛酸的生活场景：肇家浜的水臭气熏天，夏季蚊虫肆虐，说话时蚊子都会飞入口中。更有甚者，儿童在河边玩耍时偶有落水身亡的惨剧发生。①

1949 年后，情况发生了根本性的转变。在国民经济恢复时期，政府将改善民生置于重要位置，开展了大规模的居住环境改造工程。上海市政府优先对药水弄等 227 处最为恶劣的棚户区和简屋区进行全面改造。改造措施包含多个方面：修建新道路、铺设下水管网、设立公共供水点、填平臭水浜、开辟消防通道、安装路灯等，这些举措使居民的生活环境得到显著改善。

具体到 1952 年的成果，数字格外醒目：上海完成了超过 84.4 万平方米的道路建设和改造工程，新建了 325 处供水站，还为工人建造了逾 2 万户宿舍。这些变化清晰地展现了新中国成立初期政府改善民生的决心和成效。同时，昔日的“跑马厅”被改造成人民广场和人民公园，“跑狗场”则变身为文化广场，由陈毅元帅专门为其题字。② 值得一提的是，2016 年 6

---

① 徐汇区委组织部. 徐汇 70 个瞬间丨从“龙须沟”到“林荫大道”[EB/OL].(2019-09-17)[2024-11-10]. https://m.thepaper.cn/baijiahao_4459257.

② 《上海住宅建设志》编纂委员会. 上海住宅建设志[M]. 上海：上海社会科学院出版社，1998：3.

月6日，上海文化广场完成改造，再次焕发勃勃生机。今天，上海文化广场已经再次成为上海市的重要名片之一，是普通群众享受高雅艺术的美好场所。

此外，1952年11月12日，上海市军管会采取重要举措，征用外商的电话、电车、自来水、煤气等全部设施，实现了水、电、煤气、市内通信、地下管网和公共交通的统一管理，大大便利了市民生活。①

当时，肇嘉浜的改造工程影响也很大，堪称典范工程。在上海市政府的统筹下，动员上海交通大学、徐汇中学的师生以及机关干部参加义务劳动，历时两年，完成了大型钢筋混凝土排污管道的埋设工程，将臭名昭著的黑水沟填平铺设成沥青路面。到1956年12月底，一条长达3千米、宽40米的崭新道路竣工通车，两旁绿树成荫，将曾被称为“上海龙须沟”的臭水浜彻底改造成了整洁宜人的现代化街道。这些改造工程的成功实施，标志着新中国城市建设取得重要进展，为后续的城市改造树立了典范。

上海的故事，充分反映了新中国成立后实现了人民当家作主。新中国政府真正将和人民群众的切身利益相关的举措落到实处，改善人民群众的生活条件，反映出全心全意为人民服务

① 上海市二万户工人住宅建筑工程全面动工，并计划本年度修整七十处工人住宅区［N］．人民日报，1952－08－30.

是我们党的根本宗旨。

“工人新村”的兴起

在南京的时候，“工人新村”曾给笔者留下很深刻的印象。这一地区的楼房充满了20世纪六七十年代的特色，斑驳的红砖墙上爬满了常春藤，楼道间晾晒的衣服随风轻摆，在秋天，空气中飘散着桂花的清香。时常能看到老人们摆着竹椅在梧桐树下唠家常，晚饭时分，各家飘出的烟火气息交织在一起……这里保留着最原汁原味的南京市井生活，充满了浓浓的人情味。孩子们在楼栋之间追逐嬉戏的欢笑声，老街坊们互相问候的乡音，以及墙根下三五成群下棋的老人，构成了这座老城最生动的底色。

事实上，笔者后来才了解到，“工人新村”这个名字象征着在一个独特的时代下，我国城乡住房建设的发展与变迁。

第二次世界大战结束后，许多国家都面临住房危机，新中国也不例外。在新中国成立初期，随着国家大力推进工业化建设和经济恢复，产业工人的数量显著增加，他们的社会地位得到空前提升。然而，与工人阶级领导地位形成鲜明对比的是，他们的实际居住条件极为恶劣。

以当时的上海为例，新中国成立前全市住房总面积仅有2359.4万平方米，人均居住面积勉强达到3.9平方米。更为严重的是住房质量的差距悬殊：占比13.8%的高档住宅，如花园洋房和公寓大厦，不仅建筑结构优良，还配备完善的现代化设施，这些住所主要为外国殖民者、国民党高官和富商所专享。而占总量52.7%的传统里弄住宅则环境拥挤，部分房间甚至没有窗户，基础设施如煤气和卫生设备几乎完全缺失。更为窘迫的是占比13.7%的棚户区，这些建筑多以木柱、竹架为骨，苇席、门板为顶，居住条件极其简陋。

全国各大城市的工人住房状况都不容乐观。1950年开始，有关部门对天津、沈阳等工业城市展开调研，发现诸多令人忧心的现象：在天津的纺织厂和机器厂，女工宿舍中常常一个房间挤进12人，不得不采用上下铺的方式。房间不仅采光通风条件恶劣，还因使用无烟囱的取暖设备而造成工人煤气中毒事件。[①] 沈阳的情况同样令人揪心，麻袋厂的职工宿舍环境恶劣，一间房往往容纳五六个家庭共同生活。更有甚者，200多户家庭共用一个女性厕所，有些地方甚至连基本的卫生设施都未配备。在沈阳砂土矿区，工人们的居所更是简陋得令人心酸，仅用帆布搭建临时帐篷，铺着草垫直接安置在采矿区的碎石堆上。[②]

---

① 天津工厂卫生检查组关于中纺等厂卫生状况的报告及改进意见［N］. 人民日报，1950-03-03.

② 中国纺织工会全国委员会劳动保护部. 沈阳麻袋厂必须从速改善工人劳动条件和生活条件［N］. 人民日报，1952-04-11.

北京的情况也不容乐观。据《人民日报》报道，仅以中国煤建公司北京分公司永定门外江苏义园宿舍为例，472 名工人中有 103 人患病，每天因病无法工作的人数高达二三十人。①1951 年 4 月下旬，每天平均有 27 名工人在医院外科就诊，到 5 月下旬这一数字攀升至 39 人。这种恶劣的居住条件在全国各大城市中普遍存在，绝非个别现象。

住房问题牵动着最高领导层的心。1951 年 2 月，毛泽东就此问题作出关键批示，强调必须以规划性的方式开展住房建设和修缮工作，以解决群众的居住问题。② 在中央的号召推动下，一场声势浩大的工人宿舍建设运动随即在全国展开。到 1952 年，各地纷纷增加投资，系统性地规划建设工人住宅区。考虑到当时的经济条件，建设标准以实用经济为主，每平方米造价控制在 36.1 万元至 63.5 万元之间。建筑形式多采用砖墙瓦顶，以平房为主，只有上海、青岛等沿海城市建造了部分多层建筑。

“工人新村”这一理念有着悠久的发展历程。它最初来自法国和日本的经验，在五四运动时期由周作人引入中国，并引起了青年时代的毛泽东的关注和思考。虽然在之后的革命岁月中这一构想未能实现，但在 1950 年后，它被赋予了新的时代

---

① 北京运输公司西直门等地装卸工人来信要求保障装卸工人的生命安全和健康［N］. 人民日报，1952 - 07 - 09.

② 新中国成立以来毛泽东文稿（第 2 册）［M］. 北京：中央文献出版社，1988：131.

内涵，成为展示社会主义制度优越性和工人阶级主人翁地位的重要载体。

1952年，上海曹杨新村的建成具有标志性意义，为全国工人住宅建设树立了样板。当时的统计显示，全国各地规划的工人宿舍项目预计可以解决约50万工人及其家属的安居问题。在北京、天津、上海三座重点城市，计划建设约10万间住房，其中近3万间已开始施工，部分工人已喜迁新居。①

进入“一五”计划时期，以上海为代表的城市住宅建设呈现出更大的发展规模。1954年起，上海创新性地采用多种建设方式，包括发动群众参与和以工代赈等模式。新建住宅的标准也有了明显提升：采用单元式设计，南向居室配套北向厨卫，2—3户共用卫生间，配备基础卫浴设施。建筑形式从二层逐步发展到三、四层，布局也从简单的行列式演变为更适宜居住的庭院式。

为满足上海工业发展需求，20世纪50年代中期在上海市区边缘规划了10个近郊工业区，并配套建设了彭浦、泗塘、海滨、上钢等多个新村。1951—1956年，上海的工人新村数量从7个激增至123个，建筑面积从24.52万平方米扩展到655.89万平方米，有效缓解了市中心区的人口和住房压力。

① 张南．新中国成立以来城市居民日常生活变迁研究［D］．北京：中共中央党校，2020：117.

放眼全国，1950—1956 年，国家住房投资逐年增长，新建住宅面积达到惊人的 8100 万平方千米。

“工人新村”的建设具有深远的社会意义。它不仅是一种新型的居住空间，更承载着特定的政治和意识形态内涵。1949 年 3 月，党就提出要将“消费城市”转变为“生产城市”的构想，“工人新村”的建设正是这一社会主义城市改造理念的具体实践。

这些新村的建设体现了多重意义：首先，它是新政权履行政治承诺的重要表现，通过实际行动展示了“工人阶级当家作主”的理念；其次，它展现了社会主义制度的优越性，即使在经济条件有限的情况下，也优先考虑改善工人阶级的生活条件；最后，它成为工人阶级社会地位提升的物质象征。[①] 当时能够入住新村往往是一种荣誉，优先考虑劳动模范和优秀工人干部。正如当时的描述：“奶油色的四层楼房，设施齐全的套间，宽敞的阳台，一望无际的新居”，这些都成为工人阶级美好新生活的象征。

“以租养房”的延续

新中国的城市住房制度是伴随着国家发展逐步确立的。新

---

① 罗岗．空间的生产与空间的转移——上海工人新村与社会主义城市经验[J]．华东师范大学学报（哲学社会科学版），2007（6）．

中国成立之初，政府采取“以租养房”的住房政策，即由国家或工作单位负责建设住房，并将其分配给需要者使用。居民只需支付微薄的月租，而房屋的维护费用则由政府补贴。这种制度一直持续到20世纪80年代，在这期间城镇居民很少发生住房买卖行为。

新中国成立之初的城市住房呈现出公私并存的格局，其中公有住房的形成有着三条主要途径：

一是在解放战争中接收的敌伪房产。这些建筑不仅为机关提供了办公场所，也解决了部分干部职工的居住问题。北京的案例特别生动地反映了这一历史事实：同仁堂乐家的私家花园变成了郭沫若的新居，梅兰芳入住了庆王府的一部分，而恭王府的某些区域则转变为公安部的宿舍。

二是来自公私合营和国家经租改造的房产。为了应对紧迫的住房需求，各大城市将众多豪宅和租界洋房改建成职工宿舍，这是一种务实的临时解决方案。

三是国家投资兴建的新住宅，这部分房产构成了最早期公有住房体系的重要支撑。

“以租养房”这一关键政策的出台，是对特定历史问题的回应。新中国成立初期，城市房产管理处于混乱状态：有的被随意占用，有的遭到争抢，甚至出现了干部私自设立个人公馆的现象。为了整顿这种局面，政府在1948年底和1949年8月先后颁布了两个重要文件：《关于城市中公共房产问题的决定》和《关于城市房产、房租的性质和政策》，正式确立了“以租养房”的基本原则。这一政策要求所有使用公有住房的单位和个人，无论是国家机关、社会组织还是个人，都必须支付房租，这些租金将用于房屋维护和其他相关支出。到了1950年8月，政府更进一步强调了“统一管理，以租养房”的方针，并要求各地严格落实。

在具体执行层面，各大城市都制定了详细的租金标准。1949年7月，北平市首次开始收取公房租金，按照房屋结构类型划分等级，月租金标准相当于10—20公斤小米的价值。1950年5月，北京参照苏联经验，制定了更为系统的租金标准，考虑了建筑成本、折旧费等多个因素，并将房屋分为六类，划分二十个地区等级。为减轻职工负担，实际执行时将租金降低了40%。同年9月，上海也出台了类似的租金标准，将房产分为六类，租金定为1937年水平的30%。

1955年是住房政策的重要转折点。随着国务院发布实行工资制的命令，配套的住房政策也随之确立。新政策将住房明确定位为福利性质，规定租金标准为每平方米月租0.12元，使职工的房租支出仅占收入的2%—3%。各地相继效仿，如上海制定的月租标准为每平方米0.048—0.33元。

这种低租金政策是计划经济体制下的产物。当时国家实行低工资制度，将住房作为重要的福利补贴。然而，这一政策也带来了一系列问题。到 1957 年，多个城市出现严重的房荒现象，职工争相申请公房，甚至出现变卖自有住房以求入住公房的情况。为应对这一局面，政府尝试通过提高租金来调控需求，建议将租金占工资比例提高到 6%—10%。[①] 但这一调控措施收效有限，尤其是在三年经济困难时期，许多城市的公房租金反而继续下调。以北京为例，1958 年重新制定的租金标准维持在较低水平，直到 1965 年，居民的房租支出始终保持在消费支出的 3%—4%。

这种低租金福利制度虽然减轻了居民负担，但也为后来的住房制度改革埋下了隐患。它不仅给国家和单位带来沉重的财政负担，也使住房商品化改革在后期面临重重阻力。

1957—1978 年的城市居住生活呈现出独特的时代特征。为优先发展重工业，国家大幅压缩了非生产性投资。这一时期尽管工业总产值增长了 5 倍有余，城镇职工的年平均工资却下降了近 14%。在这种低工资、低消费的政策环境下，住房供给的重担落在了政府肩上。随着城市住房公有制改造的完成，住房建设和分配逐渐形成了国家主导的统一管理模式。在计划经济年代，住房几乎完全沦为民生品，虽然“住房紧缺”的

① 侯淅珉，应红，张亚平．为有广厦千万间：中国城镇住房制度的重大突破［M］．南宁：广西师范大学出版社，1999：11－12.

问题始终存在，但职工只需缴纳极少的租金，住房被定位为基本社会福利，而非投资对象。

低租金福利住房制度成为这一时期最突出的特征。在“以租养房”政策框架下，低租金成为城市公房租赁的显著特点，体现了劳动工资与福利政策的结合。这种低租现象的背后有着特殊的时代烙印：为了积累社会主义工业化所需资金，在工农业生产水平普遍不高的情况下，全社会被号召勤俭节约，个人利益让位于集体利益，实施职工低工资制。数据显示，1957—1958 年，职工家庭年均收入从 253. 57 元略降至 253. 08 元，生活费支出从 240. 12 元减至 237. 6 元，家庭支出占收入的比重高达 98. 95%，几乎无法积蓄。为缓解职工生活压力，政府实施了包括住房在内的一系列福利措施。

然而，这种低租政策也衍生出诸多问题。机关企业宿舍房租的持续走低带动全社会公房租金普遍下跌，导致多个城市陷入严重的“房荒”。仅 1957 年，《人民日报》就发表了 6 篇关于“房荒”的文章。低租金刺激了住房需求激增，不仅职工争相入住公房，其家属也纷纷涌入城市。甚至出现了职工为住进公房而变卖或出租自有房屋的怪象，有人将入住公房视为工作进步的象征。政府曾试图通过提高租金来调控需求：1957 年，城市服务部专门召开会议，提议将租金占职工平均工资的比例控制在 6%—10%，以确保房屋的修缮和折旧。但这次调控因缺乏具体实施细则而收效甚微，特别是在三年经济困难时期，提租工作更是被迫搁置。

为缓解城市人口激增带来的住房压力，20 世纪 50 年代中期起，一些大型工业城市开始效仿苏联模式建设卫星城。1955 年，苏联就倡导将企业建在郊区卫星城带。北京、上海、天津等城市相继启动卫星城建设，其中上海成效最为显著：建成了以机电和重型机械工业为主的闵行、以煤化学工业为主的吴泾、以科研和轻纺工业为主的嘉定等卫星城。这些卫星城的住宅新村在建筑设计上突破传统一字型，创新出蝴蝶式、凹凸式、踏步式等多样化体型。住宅以 2—3 室户为主，普遍配备阳台、独用厨卫，部分还铺设了地板。这些新村的人均居住面积、公共服务设施和绿地面积都优于市区水平。

1958—1976 年的中国城市住房发展经历了显著变迁。1958—1960 年，城市人口激增导致住房短缺，加之大炼钢铁运动引发住宅与工厂混杂，造成严重的环境污染。为缓解住房危机，各地开始兴建“城市人民公社大楼”，以北京的白纸坊等 8—9 层建筑为代表，配备了各类公共设施，但这种集体化居住方式很快显露弊端。1966—1976 年，住房建设陷入停滞，普遍推广的“干打垒”式简易住房和大杂院成为主要居住形式。到 20 世纪 70 年代末，全国八成以上住宅仍是新中国成立前所建，多数城市的人均居住面积持续下降。这段历史深刻反映了计划经济体制下“重生产、轻生活”的发展思路，这种状况直到改革开放后才得到根本改变。

在以上内容中，我们回顾了社会主义革命和建设时期（1949—1978 年）我国城市住房发展的历程。这一阶段，我国的住房体制经历了从私有住房向公有住房的转变，确立了以福利分配为主的住房制度。无论是新中国成立初期的“工人新村”建设，还是社会主义建设时期的“低租金”政策和“卫星城”规划，都体现了计划经济体制下政府主导型的住房供给模式。这种模式虽在特定历史条件下发挥了积极作用，但也逐渐显现出诸多问题，如住房供给不足、建设资金短缺、居住条件改善缓慢等。

随着 1978 年改革开放的到来，我国的住房制度迎来了重大转折。在下一节中，我们将详细考察改革开放以来我国房地产业的发展历程。这一时期，我国住房制度经历了从单一的福利分配向商品房市场的转型，逐步建立起了适应社会主义市场经济的住房供给体系。这不仅深刻改变了中国城市居民的居住状况，也对整个国民经济的发展产生了重要影响。通过梳理这一转型过程中的重要政策举措、发展成就与面临挑战，我们将更全面地理解中国特色住房制度的演进轨迹。

改革开放以来的房地产

改革开放以来我国房地产的发展历程

中国的房地产发展历程可以分为四个主要阶段：计划经济时期（1978年前）、市场初步形成期（1978—1997年）、快速发展期（1998—2015年）和调整转型期（2016年至今）。

上一节提到，在计划经济时期，中国实行高度集中的计划经济体制，住房完全由政府和单位统一分配，不存在商品房市场。这一时期的主要特点是住房供给严重不足，居民居住条件普遍较差，人均住房面积低。住房建设资金主要来源于国家财政拨款，建设规模受限于财政能力，无法满足日益增长的住房需求。本节我们将重点关注改革开放以来我国房地产的发展历程。

市场初步形成期（1978—1997年）

到改革开放之际，住房短缺已经成为困扰城市发展的重大难题。与新中国成立初期相比，城镇居民的人均居住面积不增反减，从1949年的4.5平方米降至3.6平方米，这一数字显著低于发展中国家 8—10 平方米的一般水平。当时的统计数据显示，全国城镇近半数家庭面临住房困境，共计 869 万户存在住房短缺问题。住房条件之恶劣令人触目惊心：超过一半的家庭生活在人均面积不足 4 平方米的房屋中，更有相当数量的家庭蜗居在人均面积仅 2 平方米的狭小空间里。此外，约 700 万个家庭不得不三代同住一处，40 万对新婚夫妇因无房可居而被迫婚后分居。①

面对如此严峻的住房问题，改革的契机出现在 1978 年 9 月。邓小平在接见来访的日本代表团时提出了开创性的设想，他建议通过多种方式解决住房问题，包括允许私人建房、实行私建公助政策、开展分期付款等方式，以调动民间资金的积极性，同时由国家负责解决建材供应。这一构想在 1980 年 4 月得到了进一步深化，邓小平明确提出要推进住房商品化。这不仅突破了传统的公有制与福利制思维定式，更为住房制度改革指明了方向。②

同年 6 月，这一改革思路获得了正式确认，中共中央、国务院在一份重要文件中明确提出实施住房商品化政策，并赋予

---

① 人民网 - 理论频道．我国房地产制度改革与市场发展的历程［EB/OL］．(2012 - 12 - 14)［2024 - 11 - 12］．http：//www. reformdata. org/2008/0926/8505. shtml.

② 崔杰．我国房地产业发展状况及对策分析［D］．北京：首都经济贸易大学，2010.

个人建房、购房和拥有住宅的权利，由此揭开了中国住房制度改革的序幕。

1980—1998 年的住房制度改革大致经历了四个重要阶段：

第一阶段是公房出售试点（1979—1982 年）。1979 年，国家城市建设总局选择西安、南宁、柳州、桂林、梧州 5 个城市进行新建住房全价出售试点。试点方案规定，职工购房可以一次付款，也可以分期付款；购房后产权归个人所有，可以继承，但不得出售和转让。到 1981 年，试点范围扩大到全国 60 多个城市。1982 年 4 月，又选择郑州、常州、四平、沙市 4 个城市进行新建住房补贴出售试点。补贴出售的具体做法是：按建筑成本价格的 30% 左右出售给职工，其余由财政补贴。到 1985 年底，全国共有 27 个省、自治区、直辖市的 160 个设市城市和 300 个县镇开展了补贴出售公房的试点，共出售住房 1092 万平方米。然而，这种补贴售房模式也暴露出诸多问题：一是补贴标准过高，财政负担沉重；二是补贴分配不公平，造成新的不平等；三是住房建设资金仍然无法实现良性循环。

第二阶段是提租补贴试点（1986—1990 年）。1986 年，国家决定暂停补贴出售住房，转向以提租补贴为核心的改革方向。这一转变的理论基础是：只有将租金提高到能够补偿住房成本的水平，才能建立住房投资与使用的良性循环机制。1987 年，国务院相继批准烟台、蚌埠、唐山 3 个城市进行提租补贴试点。改革方案的核心是大幅提高公有住房租金，同时给予职工住房补贴。如烟台市将住房月租金从 0.13 元/平方米提高到 1.28 元/平方米，涨幅近 10 倍；同时按工资总额的 25% 给予职工住房补贴，其中 15% 计入工资，10% 存入住房基金专户。1988 年 3 月，在第一次全国住房制度改革工作会议上，形成了以“提租补贴”为核心的第一个全国性住房制度改革方案。但这一方案在实施过程中遭遇重重阻力：一是单位和职工对提租心理抵触；二是通货膨胀加剧，影响了改革推进；三是配套改革不到位，住房管理体制仍未理顺。

第三阶段是综合改革试点（1991—1993 年）。1991 年 6 月，国务院发布《关于继续积极稳妥地推进城镇住房制度改革的通知》，提出了更为灵活的改革思路，包括分步提租、交纳租赁保证金、新房新制度、集资合作建房、出售公房等多种形式。同年 11 月，国务院办公厅转发国家建设部等部门《关于全面推进城镇住房制度改革的意见》，明确提出“建立新的住房供应体系，逐步实现住房商品化”的改革目标。这一阶段的改革特点：一是采取多种方式并举，不再拘泥于单一模式；二是注重建立新的住房供应体系；三是加快住房公积金制度建设。

第四阶段是市场化改革全面推进（1994—1998 年）。1994 年 7 月，全国人大常委会通过《中华人民共和国城市房地产管理法》，这是新中国第一部规范房地产市场的专门法律，标志着房地产市场法治建设进入新阶段。同月，国务院发布《关于深化城镇住房制度改革的决定》，提出建立以经济适用住房为主，配以少量廉租住房和高档商品房的住房供应体系。这一决定首次明确提出要全面推行住房公积金制度，并确立了“中低收入家庭购买经济适用住房，高收入家庭购买商品房”的住房供应政策框架。

与住房制度改革同步推进的是土地使用制度改革。改革开放前，我国采取行政划拨方式，把城镇国有土地无偿、无限期地分配给单位和个人使用。这种“三无”（无偿、无限期、无流动）的土地使用制度，完全排斥地租规律和市场机制对土地利用的调节作用，导致土地资源严重浪费。据统计，1949—1978 年，我国城市建设用地增长了 2.5 倍，而城市人口仅增长 1.7 倍；全国工业用地面积占城市建设用地的比重高达 30%，远高于发达国家 10%—15% 的水平。

土地使用制度改革始于 1981 年对中外合营企业收取场地使用费。1982 年，深圳等经济特区开始对国内企业收取土地使用费。1987 年，深圳在全国率先实行土地使用权有偿出让制度，创造了“深圳土地拍卖第一槌”。同年 12 月，上海以协议方式出让了第一幅土地使用权。1988 年 4 月，第七届全国人大第一次会议通过宪法修正案，增加“土地使用权可以依法转让”的规定，为土地使用制度改革提供了法律保障。1990 年 5 月，国务院颁布《城镇国有土地使用权出让和转让暂行条例》，确立了土地使用权出让、转让、出租、抵押的基本制度框架。

中国房地产业在 1992 年迎来了具有里程碑意义的转折。邓小平的南方谈话与党的十四大对社会主义市场经济体制的确立，为房地产市场注入了强大动力。这一年房地产开发企业数量呈现爆发式增长，从前一年的 4000 余家迅速增至 12000 多家，到次年底更是接近 20000 家。这些企业的地理分布呈现明显的区域集中特征，广东、海南、上海、江苏四地就汇集了全国 44% 的开发公司。

市场的蓬勃发展体现在多个关键指标上。1992 年，全国房地产开发投资达到 731 亿元，较前一年增长 117%；土地开发规模突破 233.4 平方千米，同比增幅高达 175%；新开工的商品房建筑面积达 11460 万平方米，增长 78.1%。房地产交易也随之活跃，商品房销售面积增至 4288.86 万平方米，同比增长 40.4%，平均售价上涨至每平方米 1050.03 元，涨幅达 30.93%。土地市场更是异常火热，全年出让土地量达 220 平方千米，较改革开放以来的累计出让量高出 10 倍有余。

这股发展热潮在 1993 年上半年达到顶峰，房地产开发投资同比增长 143.5%，新建商品房面积增长 136%。与前一年主要集中在珠三角不同，市场热度开始向北延伸，逐步形成了从沿海到内陆的多层次发展态势。

在这轮热潮中，海南堪称最具代表性的区域。1992 年下半年开始，在追求经济“超常规发展”的口号驱动下，海南的房地产市场逐渐失控。到 1993 年 8 月，该省房地产开发企业数量突破万家。市场上出现了严重的供需失衡，除了少数偏远地区外，已建成的商品房几近售罄，预付购房款现象大量出现，房价持续攀升，投机行为越发猖獗。[①]

然而，这种过度繁荣很快显露出其危险性。大量资金涌入房地产领域引发了一系列连锁反应：建筑材料供应紧张、物价上涨、国家重点项目资金短缺。更为严重的是，内地资金大量流向沿海房地产市场，推动房价快速上涨，而上涨的房价又进一步吸引资金流入，形成了一个危险的循环，最终威胁到国民经济的整体平衡。

面对这种局面，中央政府在 1993 年 6 月果断采取行动。在一次重要的经济工作会议上，中共中央、国务院出台了包含 16 项措施的宏观调控政策。这些政策针对房地产领域提出了具体要求：限制对投机性房地产企业的信贷支持；对房地产开发机构进行全面检查；制定房地产增值税政策；严格执行土地

---

① 崔杰．我国房地产业发展状况及对策分析［D］．北京：首都经济贸易大学硕士论文，2010.

使用费征收制度。对于购地后开发进度缓慢的项目，政策规定如果一年内开发投入不足购地费用四分之一的，将收回土地使用权。同时，政策还禁止金融机构和土地管理部门涉足房地产开发，要求将房地产投资纳入固定资产投资计划管理，并叫停或放缓高档商业地产项目的建设。①

这些调控措施迅速见效。1993 年下半年，全国房地产开发增速明显放缓，全年投资增长率降至 124.9%，较上半年的 143.5% 显著回落。商品房价格涨幅也从 1992 年的 30.93% 降至 21.94%。到年底，以海南为代表的过热地区房地产泡沫开始破裂，市场陷入低迷。

1993 年 11 月，党的十四届三中全会为规范房地产市场发展作出全面部署。会议通过的决定要求实施土地使用权有偿有限期出让制度，将商业用地出让方式改为市场化的招拍挂，加强土地二级市场管理，建立科学的地价形成机制。同时通过调整税费遏制暴利，控制高端房地产项目增长，并加快推进城镇住房制度改革。

这轮房地产过热给国民经济造成的伤害在海南表现得尤为明显。大量开发商罔顾市场实际需求，热衷于炒作土地和项

---

① 人民网－理论频道．我国房地产制度改革与市场发展的历程［EB/OL］．(2012－12－14)［2024－11－12］．http：//www.reformdata.org/2008/0926/8505.shtml.

目，妄图通过转手牟取暴利。泡沫破裂后遗留了严重的后遗症：截至1998年底，海南省闲置建设用地高达237.885平方千米，空置商品房面积455.76万平方米，603个项目处于停工或缓建状态，涉及建筑面积1631万平方米。更为严重的是，这些问题项目占用了大量金融资源，仅四大国有商业银行在海南的积压资金就超过430亿元，若计入其他金融机构、企业投资、工程垫资和购房预付款，估计总额高达800多亿元。

这一问题直到1999年7月国务院批准试点方案，并在2002年10月批准补充方案后才开始系统性解决。通过一系列措施，包括行政确权、税收优惠、返还土地出让金、核发换地权益书等，经过近8年时间才基本消除了泡沫经济遗留的隐患。这次教训使人们深刻认识到房地产业必须立足于实际消费需求，以服务民生为根本。

1994年，在持续调控下，房地产市场进入调整期。1994年1月，国务院加强了固定资产投资管控，并派出调查组监督政策落实。当年房地产开发投资增速降至41.3%。1995年5月，国务院进一步出台政策严控高档房地产项目。随着整体经济降温，房地产市场逐渐冷却，商品房价格不仅快速回落，增速更低于GDP增速。房地产企业的经营收入大幅下滑，整个行业陷入亏损状态。

这一时期的一个重要进展是1994年7月全国人大常委会

通过《中华人民共和国城市房地产管理法》。该法自 1995 年 1 月 1 日实施，对加强房地产管理、维护市场秩序、保障权利人合法权益具有重要意义。法律的制定过程中，各方对房地产管理体制、权利主体一致原则、集体土地出让、土地使用权划拨等多个问题进行了深入讨论，最终形成了系统完整的法律框架，为房地产市场的规范发展奠定了法律基础。

这一阶段的实践表明，房地产市场的健康发展需要科学的规划和有效的监管，过度追求短期利益必然带来严重后果。这些经验教训为此后中国房地产市场的发展提供了重要借鉴。

1995—1998 年是中国房地产市场的深度调整期。这一时期，在宏观调控政策持续作用下，房地产市场进入了相对低迷的状态。1995 年，全国房地产开发投资增速降至 25.3%，1996 年进一步下降至 11.2%。与此同时，商品房销售面积增长率由 1994 年的 31.2%降至 1995 年的 7.1%，1996 年更是出现负增长。房地产企业普遍面临经营困难，一些实力较弱的开发商被迫退出市场。

这一时期最显著的特征是商品房库存持续攀升。截至 1996 年底，全国商品房空置面积达到 4870 万平方米，空置率高达 26%。在一些过度开发的地区，如海南、广西北海等地，大量商品房无人问津，许多在建项目被迫停工。这种局面不仅造成了巨大的资源浪费，还给金融体系带来了沉重负担。据统计，到 1997 年底，全国商业银行房地产贷款余额超过 3000 亿元，其中不良贷款比例居高不下。

然而，这一时期也是房地产市场制度建设的重要阶段。1995 年，国家相继出台了《城市房地产开发经营管理条例》《城市商品房预售管理办法》等重要法规，为规范房地产开发经营行为提供了制度保障。1997 年，《中华人民共和国土地管理法》修订完成，进一步明确了土地用途管制制度，强化了耕地保护，规范了征地程序，为房地产市场的长期健康发展奠定了基础。

值得注意的是，这一时期房地产市场的调整与整体经济环境密切相关。1997 年亚洲金融危机爆发后，中国经济面临下行压力，通货紧缩形势日益严峻。为应对经济下滑，中央政府采取了一系列刺激内需的措施。1998 年 3 月，国务院机构改革将城乡建设部改组为建设部，进一步理顺了房地产管理体制。同年 7 月，国务院发布《关于进一步深化城镇住房制度改革加快住房建设的通知》，标志着中国住房制度改革进入新阶段。

这次改革的核心是停止住房实物分配，实行住房分配货币化。改革要求国有企业不再建设、购买、分配住房，逐步实行住房补贴。与此同时，政府大力发展住房金融，扩大住房公积金制度覆盖面，鼓励居民通过银行贷款购买住房。这一政策转变为此后中国房地产市场的快速发展创造了条件。

回顾1992—1998年这一阶段，中国房地产市场经历了从过热到调整的完整周期。这期间暴露出的问题，如投机炒作、供需失衡、金融风险等，为后来的市场发展和政策制定提供了深刻教训。同时，这一时期建立的法律制度框架和市场规则，为房地产市场的规范化发展打下了坚实基础。特别是1998年住房制度改革的启动，开启了中国房地产市场发展的新纪元，其影响一直延续至今。

这段历史充分说明，房地产市场的发展必须遵循经济规律，既要防止过度投机导致的泡沫，又要注意维护市场的基本活力。政府在其中扮演着关键角色，需要在促进发展和防范风险之间找到平衡点。这些经验对于理解和把握当前中国房地产市场的发展仍具有重要的启示意义。

快速发展期（1998—2015年）：从住房商品化到调控常态化

1998年成为中国房地产发展史上的转折点。在经历了1995年至1998年的市场调整后，国务院发布了一份具有历史意义的文件，宣告住房实物分配制度的终结，标志着住房商品化改革的全面启动。这一重大转变既是对市场调整的积极回应，也是一次着眼于培育经济新增长点的战略性决策。

这一转型的酝酿其实早在1996年就已开始。当时，面对经济下行压力，时任国务院总理朱镕基在一次常务会议上提出了将住房建设培育为国民经济新的增长点和消费热点的构想。这一战略思路随后得到了1997年党的十五大的正式确认，并在1998年开始在房地产领域全面实施。

为确保住房商品化改革的顺利推进，政府部门出台了一系列协同配套的政策措施。1998年4月，中国人民银行率先采取行动，发布政策要求增加住房信贷支持力度。这一政策打破了传统信贷管理的束缚，对商业银行的住房贷款实行了更为灵活的指导性计划管理，只要借款人满足相关条件，银行便可在资产负债比例允许的范围内发放贷款，这一创新为住房金融的蓬勃发展铺平了道路。

同年7月发布的深化房改文件则提出了更为系统的改革方案。文件明确提出要“稳步推进住房商品化、社会化”，确立了逐步实现住房分配货币化的改革目标。为实现这一目标，政策设计了以经济适用房为主的多层次住房供应体系，同时强调发展住房金融和规范交易市场。

1999年，为配合这一战略性转型，财政和税务部门密集推出了一系列优惠政策：对个人购买并持有超过一年的普通住宅免征营业税；对购买自用普通住宅的个人给予契税减半优惠；对个人转让普通住宅暂不征收土地增值税。同时，为促进住房更新换代，对于出售现有住房并在一年内按市场价格重新购房的个人，还可以享受个人所得税的全部或部分减免。这些措施有效地激发了市场的活力。

这些政策的效果很快在数据中得到反映。1997—2002 年，全国城镇房屋竣工面积从 62490. 19 万平方米增长至 93018. 27 万平方米，增幅达 48. 85%。其中商品房的增长更为显著，竣工面积从 15819. 7 万平方米跃升至 34975. 75 万平方米，增长 121. 09%。商品房在城镇房屋竣工总面积中的占比也从 25. 32% 提升至 37. 6%，充分展现了住房建设市场化程度的提升。①

在推进市场化的同时，政府也没有忽视住房保障体系的建设。经济适用房和廉租房建设都取得了实质性进展。到 2000 年，全国经济适用房竣工面积突破 1. 1 亿平方米，占同期商品住宅竣工面积的五分之一。截至 2002 年底，全国 35 个大中城市中已有近半数制订了廉租住房实施方案。以北京为例，通过五次廉租住房摇号配租，使近千户家庭的人均居住面积从 2. 2 平方米提升至 10. 7 平方米，切实改善了低收入群体的居住条件。

住房金融的发展成果更是令人瞩目。到 2001 年底，全国商业性和公积金个人住房贷款余额达到 6398 亿元，较 1997 年

---

① 人民网 - 理论频道. 我国房地产制度改革与市场发展的历程 [EB/OL]. (2012 - 12 - 14) [2024 - 11 - 12]. http://www.reformdata.org/2008/0926/8505.shtml.

底增长了33倍，首次超过房地产开发贷款余额，占整个消费贷款余额的86%。这一变化反映出房地产信贷结构发生了根本性转变。个人购房在市场中的主导地位也得到确立，2000年个人购买商品住宅的比例达到87.51%，到2002年11月更是提升到94.3%，标志着住房市场已从以单位集体购买为主转变为以个人购买为主导的新格局。

然而，随着房地产市场的快速发展，一些问题也开始显现。2003年，全国房地产开发投资同比增长30.33%，创下了前次宏观调控以来的最高增速。到2004年第一季度，全社会固定资产投资同比增长更是达到43%，比上年同期提高了15.2个百分点。房价快速上涨，住房供应结构失衡等问题日益突出，这促使政府开始实施新一轮宏观调控。

2003年6月，中国人民银行率先发布了121号文，加强房地产信贷管理。这一政策虽然在出台时引发争议，但随后国务院通过18号文重申了房地产业作为支柱产业的地位，同时也强调要实现市场的总量平衡、结构合理和价格稳定。这反映出政府在促进发展和防范风险之间寻求平衡的政策取向。

2005年成为房地产调控的重要转折点。这一年房价涨幅达到15.99%，远超过往3%—5%的水平。3月，政府出台“国八条”，首次将稳定房价提升到政治高度。

2007年是重要的政策转折点，此后中国房地产市场进入了调控常态化时期（2008—2016 年）。这一阶段的特点是政策调控更加系统化、常态化，同时也经历了全球金融危机的考验和房地产市场的快速发展期。

2008—2016 年，中国房地产市场经历了从金融危机应对到调控常态化的重要转型期。这一阶段的特点是政策工具不断丰富，调控方式逐步精细化，同时也经历了从刺激到调控的政策转换过程。

2008 年全球金融危机爆发后，为应对经济下行压力，中国实施了力度空前的经济刺激计划。2008 年 11 月，国务院常务会议部署了扩大内需、促进经济增长的十项措施，推出了著名的“四万亿”投资计划。在房地产领域，政府提出要在 2009 年进行大规模棚户区改造，改善居民住房条件。同年 12 月，国务院发布《关于促进房地产市场健康发展的若干意见》，提出了包括加大对廉租住房建设和棚户区改造的投资支持、加大对自住型和改善型住房消费的信贷支持等 13 条具体措施。

2009 年，为进一步支持房地产市场发展，政府采取了一系列措施：5 月，国务院发布《关于调整固定资产投资项目资本金比例的通知》，将保障性住房和普通商品住房项目的最低资本金比例降至 20%；同时，对住房转让环节的营业税实行减免政策。这些政策的效果十分显著，2009 年全年商品房销售面积同比上涨43.60%，销售金额同比上涨75.50%。

然而，随着房地产市场快速升温，房价也被迅速推高。2009年房屋平均销售价格同比上涨23.18%，这种快速上涨的态势引发了政府的关注。2009年12月召开的国务院常务会议提出了“国四条”，强调要从控制商品房供应、遏制不合理需求、加强市场监管以及推进保障工程四个方向进行调控。

2010年开始，调控政策明显收紧。4月，国务院发布《关于坚决遏制部分城市房价过快上涨的通知》，提出了十条措施，包括暂停发放第三套及以上住房贷款，暂停批准房地产开发企业上市等。9月，央行和银监会联合发布通知，进一步强化差别化住房信贷政策，将购买第二套住房的首付比例提高到50%，贷款利率不低于基准利率的1.1倍。

2011年是房地产调控进一步深化的一年。1月，国务院办公厅发布《关于进一步做好房地产市场调控工作有关问题的通知》，强调要落实地方政府责任，加大保障性安居工程建设力度。同月，重庆和上海两地率先试点征收个人住房房产税，开创了房地产税收制度改革的先河。

2012—2013年，调控政策继续保持高压态势。2013年2月，国务院出台“新国五条”，从完善稳定房价工作责任制、抑制投机投资性购房、增加普通商品住房供应等方面进行调控。这一时期的政策特点是，调控手段更加多元化，包括信贷、税收、土地供应等多个领域的政策工具不断完善。

然而，到2014年，由于楼市快速萎靡以及宏观经济面临下行压力，房地产政策开始出现转向。从2014年初开始，70个大中城市房价指数同比持续下滑，到9月转为负数。2014年3月，政府工作报告首次提出要“针对不同城市情况分类调控”，显示政策开始从“一刀切”转向更加灵活的差别化调控。

2014年9月，央行、银监会发布《关于进一步做好住房金融服务工作的通知》，将“认房又认贷”改为“认房或认贷”，并对改善性住房需求给予更多支持。2015年，政策进一步放松，3月，央行等部门下调二套房首付比例，10月，全面放开二孩政策，这些措施都对房地产市场产生了积极影响。

2015年12月的中央经济工作会议明确提出要“化解房地产库存”，并提出“鼓励自然人和各类机构投资者购买库存商品房”。在这些政策的推动下，房地产市场快速回暖，2016年商品房销售面积同比上升22.46%，销售额同比上升34.77%。

这一时期房地产市场调控的一个重要特点是，政策工具日益丰富和完善。除了传统的信贷、税收政策外，土地供应管理、市场监管、房地产金融监管等多个领域的政策工具不断完善。

住房保障体系建设也取得重要进展。2008—2016年，全国城镇保障性安居工程累计开工超过 4000 万套。其中，2011—2015 年，全国棚户区改造开工 2080 万套，基本完成“十二五”规划目标。2015 年，全国公租房分配入住率达到 85%，有效改善了中低收入家庭的居住条件。

同时，这一时期也是房地产市场制度建设的重要阶段。2009 年修订的《中华人民共和国土地管理法》强化了土地用途管制；2014 年修订的《中华人民共和国城市房地产管理法》完善了房地产市场监管制度；2015 年出台的《不动产登记暂行条例》，为建立统一的不动产登记制度奠定了基础。这些制度建设为房地产市场的规范发展提供了法律保障。

到 2016 年底，中国房地产市场已经形成了相对完善的调控体系和制度框架。从政策演变来看，调控手段从单一走向多元，调控方式从粗放走向精准，调控目标从短期稳定转向长效机制建设。这些经验的积累，为后续房地产市场的平稳健康发展创造了有利条件。

这一阶段的实践表明，房地产调控既要重视短期市场稳定，也要注重长期制度建设；既要防范市场风险，也要保障改善民生；既要因地制宜实施差别化调控，也要坚持全国统一的政策取向。这些经验教训为 2016 年之后房地产市场的转型发展奠定了重要基础。

调整转型期（2016 年至今）

2016 年中央经济工作会议提出“房子是用来住的，不是用来炒的”重要定位，标志着中国房地产市场进入新的发展阶段。这一定位不仅是对房地产市场功能的重新界定，更是对未来发展方向的战略指引。这一阶段的政策调控呈现出以下两个重要特征：

首先，政府调控思路发生了根本性转变。从过去的短期调控转向建立长效机制，实施差别化调控政策。各地根据实际情况采取相应措施，不再采用“一刀切”的方式。其次，加强房地产金融监管，防范系统性风险，并大力发展住房租赁市场，完善住房供应体系。

2020 年的新冠疫情给房地产市场带来新的挑战。为稳定市场，各地出台了一系列纾困政策。同时，为防范房企债务风险，监管部门出台“三道红线”政策，对房企融资进行更严格的管理。具体而言，“三道红线”政策要求：房企剔除预收款后的资产负债率不得大于 70%；房企的净负债率不得大于 100%；房企的“现金短债比”不得小于 1。这些政策的出台，标志着房地产市场进入更为严格的监管时期。

当前，中国房地产市场正在经历深度调整。一方面，房企债务风险显现，一些大型房企面临经营困境；另一方面，市场分化加剧，一、二线城市市场相对稳定，而三、四线城市则面临较大“去库存”压力。在这一背景下，政府更加注重完善住房保障体系，加快发展保障性租赁住房，推动房地产市场向更健康的方向发展。

在金融监管层面，政策明显趋严。2020 年“三道红线”政策出台后，2022 年又推出了一系列措施。2022 年 11 月，央行、银保监会等部门推出房地产融资“三支箭”政策，包括信贷支持、债券融资支持和股权融资支持。其中，证监会解除了自 2010 年以来对房企上市融资的限制，允许涉房上市公司开展并购重组及再融资。同时，通过担保增信、创设信用风险缓释凭证等方式，支持民营企业发债融资，预计可支持约 2500 亿元民营企业债券融资。

2022 年以来，政策重点转向“稳地价、稳房价、稳预期”，促进房地产业良性循环和健康发展。各地政府积极响应，出台各种房地产救市措施，包括下调房贷利率、下调首付比例、取消限售限购、放宽预售资金监管、限制房价下跌等。根据统计，2022 年全年各省市共出台 595 次房地产松绑政策。

展望未来，中国房地产市场将面临新的机遇和挑战。人口结构变化、城市化进程放缓等因素将深刻影响市场需求；存量房市场的重要性将不断提升；租赁市场将获得更大发展空间。在“房住不炒”的政策框架下，如何平衡住房的居住属性和投资属性，如何构建更加健康的房地产市场体系，将是需要继续探索的重要课题。2023 年 4 月，自然资源部宣布全面实现不动产全国统一登记，为房产税全面征收消除了主要的技术障碍。未来，房产税与公租房体系的结合，可能成为房地产业的新发展模式。

这一系列政策调整反映出中国房地产市场正在经历从高速发展向高质量发展的转型。政府在坚持“房住不炒”定位的同时，也在积极探索促进市场平稳健康发展的新途径。这种转变不仅关系到房地产行业本身的发展，更是中国经济结构调整和转型升级的重要组成部分。

这40多年的发展历程，见证了中国房地产市场从计划经济向市场经济的转型，也反映了中国城市化进程中的结构性变革。尽管这一过程中出现过波折，但总体上推动了中国城市面貌和居民居住条件的改善。未来，随着市场机制的不断完善和政策体系的持续优化，中国房地产市场必将走向更加成熟和理性的发展阶段。

美国、日本房地产发展历程

房地产市场的发展模式往往反映了一个国家的经济特征和政策取向。通过对美国和日本这两个发达经济体房地产市场发展历程的深入分析，我们可以获得诸多有益启示。这两个国家在不同的历史时期采取了不同的发展策略，形成了各具特色的房地产市场体系。

美国房地产市场的发展可以追溯到19世纪，经过长期发展，已形成了一个相对成熟的市场体系。早在20世纪70年代，美国就已进入存量房时代，但市场始终保持着旺盛的发展活力。美国房地产市场的一个显著特征是以成屋销售为主导，同时保持着稳定的新房开工规模。从历史数据来看，美国新房年均开工数量维持在140万套左右的相对稳定水平，而私人住宅投资在总投资中的占比始终保持在97%以上，显示出市场化程度较高的特点。这种持续稳定的发展得益于其良好的人口结构支撑，其中25—64岁主力购房人群占比维持在51%以上，加之开放的移民政策每年带来大量新增购房需求。

在价格走势方面，美国房地产市场经历了一个渐进式的发展过程。从20世纪70年代到90年代，美国房价呈现温和上涨态势。进入90年代后，在金融自由化政策的推动下，加之政府提出“提高住房自有率”的政策目标，美国住房市场进入了一个以高流动性、高杠杆为特征的繁荣期。虽然2008年金融危机对美国房地产市场造成了严重冲击，但市场展现出强大的恢复能力，较快实现了企稳回升。

美国房地产市场的另一个重要特征是其完善的住房金融体系和多元化的供给模式。为了提升中低收入群体和少数族裔家庭的住房自有率，美国政府实施了一系列政策措施，包括降低首付比例、提高抵押贷款可得性，甚至针对特定人群推出零首付政策。同时，通过房利美、房地美等机构提供住房抵押贷款支持，并要求二级市场加大对中低收入群体贷款的购买比例。美国还建立了成熟的房地产税收制度，将房产税作为地方政府的重要收入来源。值得注意的是，美国房地产市场的投机属性相对较弱，这一点体现在家庭持有的房产占总资产的比例仅为四分之一左右。

与美国相比，日本的房地产市场发展历程则呈现出不同的特点。第二次世界大战后，日本面临严重的住房短缺问题。为解决这一问题，日本政府建立了“三大支柱”政策体系：通过住宅金融公库提供长期低息资金，通过公营住宅解决低收入群体的住房需求，通过住宅公团满足城市地区中等收入群体的住房需求。这一政策体系取得了显著成效，到 1968 年，日本的房屋总数就超过了家庭总数，标志着住房短缺问题得到了全面解决。此后的 1968—1985 年，日本房地产市场进入稳定发展期，建立了多元化住房供给体系，并形成了成熟的租赁市场。

然而，1985 年“广场协议”的签订成为日本房地产市场发展的一个重要转折点。为应对日元升值压力，日本采取了宽松的货币政策，同时推进金融自由化改革。这些政策导致大量资金涌入房地产市场，推动了泡沫的形成。1990 年泡沫破裂后，日本政府采取了包括紧缩货币政策、调整信贷政策和土地税收政策在内的一系列措施，试图主动戳破泡沫。但这些政策的过度激进导致日本经济进入了被称为“失去的 20 年”的长期低迷期。

尽管经历了泡沫破裂的打击，房地产行业仍然是日本经济的重要组成部分，其行业增加值占 GDP 的比例稳定维持在 12% 左右。当前日本房地产市场呈现出一些独特特征：商品房以新房销售为主，二手房交易相对不活跃，流通率不足 15%；租赁市场发达，配套的法律体系较为完善；新开工数量从 1990 年的 170.7 万套显著回落，2009 年后维持在 90 万—100 万套的水平；建筑面积则相对稳定，保持在 0.7 亿—0.8 亿平方米。另外，日本的一户建住宅占比超过 56%，房屋使用寿命较短（约 22 年），居民普遍偏好购买新房，同时面临着日益严重的房屋空置率问题，到 2018 年空置率已达到 13.6%。

美国和日本的房地产市场发展经验为我们提供了重要的启示。美国市场化、专业化的发展道路展示了成熟房地产市场的运作模式，而日本泡沫经济的教训则警示我们需要警惕房地产市场过度金融化的风险。这些经验对于正处于转型期的其他国家房地产市场具有重要的参考价值。

中、美、日房地产发展对比分析

对比三国房地产发展历程，我们可以发现一些重要特点和差异：

首先，在供给模式上，中国以新房交易为主，而美、日则形成了以存量房交易为主的市场格局。这种差异与各国的发展阶段和制度环境密切相关。美国的土地私有制和成熟的二手房市场，以及日本完善的房地产中介服务体系，都促进了存量房交易的发展。相比之下，中国的土地国有制和相对年轻的房地产市场，使新房开发和销售成为主导模式。

其次，在金融支持方面，三国呈现不同特点。美国形成了较为完善的住房金融体系，通过多样化的金融产品和政策支持，提高了居民的住房可负担性。日本的经验则警示我们过度金融化可能导致泡沫形成。中国目前正在完善住房金融体系，需要在防范金融风险和满足合理住房需求之间找到平衡。

最后，在保障性住房建设方面，美、日都建立了相对完善的住房保障体系。美国通过租房券等政策对中低收入家庭提供房租补贴，同时推出低收入住房投资税收抵免政策（LIHTC），鼓励开发商建设保障性住房。日本则通过三大支柱政策建立了多元化的住房供给体系。相比之下，中国的保障性住房体系还需要进一步完善。

从三国的经验来看，中国房地产市场的未来发展应该注意以下五点：

第一，要正确认识房地产业对经济的作用。美、日的经验表明，无论是经济低迷时期还是经济高涨时期，房地产业仍然是重要的经济部门。中国需要推动房地产业平稳转型，避免过度依赖或完全否定。

第二，要加快建立多层次住房供应体系。借鉴美、日经验，完善保障性住房建设，满足不同收入群体的住房需求。同时，要发展租赁市场，建立“租购并举”的住房制度。

第三，要防范房地产金融风险。日本泡沫经济的教训提醒我们，需要警惕过度金融化带来的风险。要建立健全房地产金融监管体系，合理控制杠杆水平。

第四，要适应“总量放缓、分化加剧”的新阶段特征。中国目前的城镇化率还有提升空间，新市民住房需求仍然存在，这与日本当时已接近饱和的情况不同。要根据不同城市的发展阶段和需求特点，实施差异化的房地产政策。

第五，要推进房地产相关制度建设。包括优化土地供给制度、完善房地产税收体系、健全住房金融市场、加强市场监管等。只有建立健全相关制度，才能推动中国房地产市场实现长期健康发展。

总的来说，中国房地产市场正在经历从增量发展向存量调整的转型。这个过程中，既要借鉴美国市场化、专业化的发展经验，又要吸取日本房地产泡沫破裂的教训。同时，要根据中国的具体国情，探索符合自身特点的发展道路，推动房地产市场平稳健康发展，更好地服务于国民经济发展和民生改善。

保障性住房体系的构建与发展

保障性住房的发展历史与现状

如今，在北上广深这样的一线城市里，无数年轻人在写字楼中伏案工作到深夜；在地铁站出口，行色匆匆的上班族每天往返于居住地与工作地之间。一线城市的繁华与机遇吸引着越来越多的人来此打拼。住房是人类生存的基本需求，高昂的住房成本成为许多年轻人在大城市打拼时，面前最难翻越的一座山。

根据《中国房地产报》依据国家和各省市统计局数据的总结，2023 年，按人均住房面积 36. 6 平方米计算，上海房价收入比约为 27. 86，北京约为 26. 05，而深圳市则达到了高昂的 34. 63。这三座城市的租售比则分别是 74、43 和 62，这意味着哪怕不买房，租房的成本也是极为高昂的。高昂的房价和租金，让许多人不得不在居住条件上作出妥协：或是在远郊居住，忍受每天数小时的通勤路程；或是合租蜗居，与陌生人共处一室；又或是将大部分收入用于支付房租，压缩其他生活开支。这些都是当代城市生活中再常见不过的景象。

住房问题始终牵动着每个城市居民的心。对于刚毕业的年轻人来说，这关系到能否在城市站稳脚跟；对于新婚家庭而言，这影响着家庭生活的质量；对于外来务工人员来说，这决定着能否安心工作、融入城市。住房不仅是遮风挡雨的场所，更承载着人们对美好生活的期待。然而，在市场化住房供给体系下，并非所有人都能通过市场途径获得适宜的居所。

特别是在一线和重点二线城市，房价与普通工薪阶层的收入之间的差距不断扩大。即使是月薪过万元的白领，要在城市核心区域买房也需要花费几十年的储蓄。租房市场同样面临着供需失衡、价格攀升的压力，一间普通的居室月租金动辄就要占到年轻人收入的三分之一甚至更多。这种状况不仅影响了人们的生活质量，也在一定程度上制约了城市的发展活力。

从更宏观的角度看，住房问题已经超越了单纯的居住需求，成为关系到城市发展、社会公平和民生改善的重大议题。当前，我国正处于新型城镇化的关键时期，每年都有大量人口向城市流动，如何让这些为城市发展注入活力的群体能够安居乐业，是城市治理面临的重要挑战。

在这样的背景下，建立健全住房保障体系就显得尤为重要。它不仅是解决特定群体住房困难的民生工程，更是推动城市可持续发展、促进社会公平正义的重要制度安排。通过提供可负担的住房选择，让更多人能够享有适宜的居住条件，这既是实现“住有所居”民生目标的必然要求，也是提升城市包容性和竞争力的重要途径。

国际经验表明，即使是最发达的市场经济国家，也都建立了相对完善的住房保障体系。这些经验启示我们，住房保障不是对市场机制的否定，而是对市场机制的必要补充，是现代城市治理体系中不可或缺的组成部分。

中国现代住房保障体系的发展始于1994年，当时《国务院关于深化城镇住房制度改革的决定》首次提出了具有里程碑意义的“双轨制”住房供应体系。这一制度设计明确要求房地产开发公司在年度建房总量中，经济适用住房的比例必须达到20%以上。为确保政策落地，文件规定经济适用住房用地原则上采取行政划拨方式供应，并在计划、规划、拆迁、税费等方面给予政策扶持。同时，对离退休职工、教师和住房困难户在建房、售房等方面给予优先安排。

1995年1月，《国家安居工程实施方案》的出台进一步细化了住房保障的具体实施路径。方案提出用5年左右时间完成新增安居工程建筑面积1.5亿平方米的宏伟目标。在资金筹措方面，采用国家贷款资金和城市配套资金4∶6的比例，其中城市配套资金可从城市住房基金、单位住房基金、住房公积金、售房预收款和其他房改资金中筹集。国家安居工程贷款实行最长3年期的抵押贷款，贷款利率执行中国人民银行规定的同期法定利率，不得上浮。

中国住房保障体系的发展历程可以追溯到1998年的一个重要转折点。这一年，国务院发布的深化住房制度改革文件首次构建了多层次的住房保障框架：最低收入家庭可以租赁廉租住房，中低收入家庭可以购买经济适用房，收入较高的家庭则可以购买或租赁市场价商品住房。在经济适用房的定价机制上，采取了政府指导价的方式，遵循保本微利原则，将利润率控制在3%以内。

这一政策取得了显著成效：1998年全国经济适用房新开工量同比增长101%，占商品房新开工总量的17%。到2000年，经济适用房销售已占全国商品房销售的五分之一，第五次人口普查数据显示，有6.5%的城市家庭购买了经济适用房。

步入21世纪，随着经济快速发展，住房市场格局发生重大变化。2003年，国务院确立了以普通商品住房为主导的供给模式。同年9月，国土资源部调整土地供应政策，优先保障普通商品住房用地需求，同时对经济适用房建设用地实施总量控制。

2004年的土地出让制度改革是一个关键节点。国土资源部、监察部联合发布71号令，规定所有经营性用地必须通过公开竞价方式出让。这一政策虽然为地方政府带来了可观的土地收益，但也导致依赖土地划拨的经济适用房建设热情减退。数据显示，2004 年和 2005 年的经济适用房投资分别下降 3% 和 14%，在住宅总投资中的占比降至 7% 和 5%。

2006 年，为应对中低收入群体日益增长的住房需求，国家建设部等九个部委联合推出了著名的“70/90 政策”：要求新建商品住房中，90 平方米以下户型（含经济适用房）的面积必须达到总建筑面积的 70% 以上。同时，要求尚未建立廉租房制度的城市在年底前完成相关制度建设。

2007 年，住房保障体系迎来新的发展机遇。国务院扩大了廉租房保障范围，从“最低收入家庭”扩展至“低收入家庭”。同时建立了多元化的资金筹集机制：将廉租房保障资金纳入地方财政预算，将住房公积金增值收益（扣除必要支出后）和不低于 10% 的土地出让净收益用于廉租房建设。

2009 年，住建部制订了雄心勃勃的三年规划，计划新增廉租房 518 万套。到 2010 年，廉租房公共财政支出同比增长 48%。第六次全国人口普查显示，2010 年城市家庭中租住廉租房的比例达 2.7%，购买经济适用房的比例为 5.1%，较十年前下降 1.4 个百分点。

2010 年标志着住房保障体系进入新阶段。住房和城乡建设部等七部委联合推出公共租赁住房政策，将保障对象扩大到城市中等偏下收入住房困难家庭、新就业无房职工和稳定就业的外来务工人员。在土地供应方面，公共租赁住房享受优先供应和计划单列政策，可通过行政划拨或协议出让方式获取用地。

“十二五”期间（2011—2015 年）是保障性住房的大规模建设时期。国务院提出五年内新建各类保障性住房和棚户区改造住房 3600 万套的目标。2011 年，住房和城乡建设部完善了保障性住房的准入、退出、运营和监管机制。同年，中央财政安排 1038 亿元补助资金，较上年增长 171%。

2013 年底，住房和城乡建设部实现了公租房与廉租房的并轨运行，统一纳入公共租赁住房管理体系，提高了保障工作效率，为后续发展奠定基础。

2014—2017 年，棚户区改造成为工作重点。国务院设定了三年改造 1800 万套的目标。中国人民银行创新推出抵押补充贷款（PSL）工具，为政策性银行提供长期资金支持。2015—2017 年，PSL 余额从 4932 亿元增至 2.88 万亿元。特别是 2016—2017 年提高棚改货币化安置比例的政策，有效促进了三、四线城市房地产市场的复苏。

2019 年起，保障性租赁住房逐渐成为新的发展重点。中央经济工作会议首次强调加快发展住房租赁市场。2021 年，国务院办公厅提出“十四五”期间在人口净流入的大城市新增保障性租赁住房和公共租赁住房 500 万套的目标，着力解决新市民、青年人的住房问题。

2023年8月，国务院通过的《关于规划建设保障性住房的指导意见》（即“14号文”）标志着住房保障体系进入新阶段。文件将保障范围扩大至各类引进人才，强调“以需定建”原则。在资金支持方面，新增5000亿元抵押补充贷款（PSL）额度，为政策性开发性银行提供中长期低成本资金，支持包括保障性住房在内的重点工程建设。

目前，我国已经形成了以公租房、保障性租赁住房和共有产权住房为主体的住房保障体系，并配套相应的货币补贴政策，构建起具有中国特色的梯级支付和保障水平的住房保障体系。从第七次全国人口普查数据来看，2020年城市家庭户中购买经济适用房/两限房、租赁廉租住房的比例合计为7.8%，与新加坡和中国香港等地区相比仍有较大提升空间。

展望未来，尽管“14号文”强调“以需定建”原则，但考虑到当前保障性住房在存量住房中的占比仍然偏低，预计短期内保障房建设仍有望迎来新一轮建设高峰。这不仅将为下滑的房地产投资提供一定对冲，也将进一步完善我国住房市场体系，助力实现“住有所居”的民生目标。同时，保障性住房建设也将带动相关产业发展，为房地产行业的转型升级提供新的机遇。

在资金保障方面，我国已经形成了中央补助、地方财政、银行及公积金贷款、债券融资等多元化的资金筹措渠道。特别是新一轮抵押补充贷款（PSL）的大规模投放，将为保障房建设提供有力的资金支持。未来，随着配套政策的持续完善和金融支持的不断加强，中国特色住房保障体系将继续发展完善，为促进房地产市场平稳健康发展、实现共同富裕提供重要支撑。

从政策实施效果和具体运作机制来看，中国住房保障体系的发展还呈现出以下重要特点：

第一，保障方式的多样化演进。早期以经济适用房为主的产权型保障模式，逐步向租售并举、以租为主转变。这一转变不仅体现了住房保障理念的进步，也更符合人口流动性增强的社会现实。特别是在人口净流入的大中城市，保障性租赁住房的发展既能满足新市民、青年人等群体的居住需求，又避免了产权型保障房可能带来的投机和寻租问题。

第二，土地供应机制的创新。除传统的划拨用地方式外，政策允许利用集体经营性建设用地、企事业单位自有闲置土地、产业园区配套用地等建设保障性租赁住房。同时，允许采取“租赁住房 + 商业”的混合开发模式，提高项目的经济可行性。2022 年以来，多个城市还创新推出“只租不售”的居住用地供应方式，进一步丰富了保障性住房的土地来源。

第三，在建设标准方面，也呈现出更加灵活和人性化的特点。早期经济适用房往往存在户型单一、配套不足等问题，而现代保障性住房在空间布局、设施配置等方面更加注重居住体验。特别是针对年轻人群的保障性租赁住房，普遍采用小户型设计，配备智能化设施，并注重社区配套服务的完善。

第四，在运营管理方面，逐步形成了政府主导、多方参与的格局。除政府投资建设外，还吸引了央企、国企、民营企业等多元主体参与保障性住房的建设和运营。一些城市还创新采用不动产投资信托基金（以下简称 REITs）等金融工具，盘活存量资产，提高运营效率。同时，通过引入第三方专业机构参与运营管理，提升了保障性住房的服务水平和居住品质。

第五，在准入退出机制方面，各地普遍建立了严格的审核制度和动态管理机制。通过“轮候制”“积分制”等方式，确保住房资源向真正需要帮助的群体倾斜。同时，建立了定期复核机制，对收入、资产状况发生变化的保障对象及时进行调整，保证了保障性住房的公平性和可持续性。

第六，资金筹措方面也呈现出多元化特征。除传统的财政补贴、专项债券外，还创新发展了 REITs、租赁住房专项债等金融工具。同时，通过市场化运作，吸引社会资本参与，形成了“政府引导、市场运作、多方参与”的投融资模式。特别是在保障性租赁住房领域，一些城市探索采用“投资补助 + 运营补贴”的模式，既降低了前期投资压力，又保证了长期运营的可持续性。

从区域分布来看，保障性住房的建设重点逐步向人口净流入的大中城市和都市圈集中。这种布局既符合实际需求，也有利于提高资源利用效率。同时，通过在产业园区配套建设保障性租赁住房，形成了“产住融合”的发展模式，既解决了产业工人的居住问题，又促进了产业发展。

值得注意的是，保障性住房建设还带动了建筑工业化、装配式建筑等新技术的应用。许多城市在保障性住房项目中推广装配式建筑，既提高了建设效率，又降低了建设成本。同时，通过采用绿色建筑技术，提高了建筑能效，降低了运营成本。

保障房与安居梦：城市青年和产业工人的故事

在中国特色住房保障体系蓬勃发展的今天，一座座现代化的保障性住房小区拔地而起，不仅改变着城市的面貌，更温暖着无数奋斗者的心。从写字楼里加班到深夜的年轻人，到产业园区里挥洒汗水的产业工人，他们用勤奋和智慧为城市注入活力，而日益完善的住房保障体系，正在为他们筑起温暖的港湾。

这是一个多元参与、协同发展的崭新格局。政府主导、市场运作、多方参与，一批批品质优良的保障性住房项目逐渐成为城市新地标。在深圳，保障性租赁住房正以金融创新为翼，展开一场惠及万千青年的安居实践；在上海，高品质经济适用房的建设正以匠心品质为基，谱写一曲产城融合的动人乐章。

在深圳这座充满活力的城市里，每天清晨，地铁站总是挤满了匆忙的上班族。写字楼里的科技工作者、创业园区的创业者、商务中心的白领们，他们都在为这座城市的发展注入活力。然而，在寸土寸金的深圳，住房成本却让这些年轻人倍感压力。根据统计，深圳的房价收入比高达 34. 63，即使是月薪过万元的白领，要在核心区域租住一套 70 平方米的普通商品房，月租也要七八千元，几乎要吞掉一半的收入。很多年轻人不得不选择合租，三四个人挤在一套房子里，每天为了使用厨房和卫生间而小心计算着错开时间。

这样的状况在深圳并不罕见。统计数据显示，深圳非户籍常住人口占常住人口的 71%，市民住房呈现典型的“以租为主”特点。高昂的租金压力，让许多年轻人不得不选择在远离市中心的区域租房，每天花费数小时在通勤路上。

转机出现在 2023 年。深圳创新推出了一批位置优越的保障性租赁住房项目。以安居百泉阁为例，这个项目位于福田区安托山片区，地处侨香三道与安托山六路交会处的黄金地段。项目不仅拥有 594 套住房单元，还配备了商业配套设施和 294 个停车位。更重要的是，这里的租金仅为市场价的 7 折左右，极大缓解了年轻租户的经济压力。①

同样位于深圳核心区域的还有安居锦园项目。这个坐落于罗湖区笋岗片区的项目，提供了360套保障性租赁住房。项目地处田西路与宝田路交会处，交通便利，配套完善，成为年轻人心目中的“梦想之居”。这些保障性租赁住房项目的入住率普遍达到99%，充分显示了其强大的市场需求。

更值得关注的是，深圳通过REITs方式盘活保障房存量资产的创新尝试。在福田、罗湖、大鹏新区和坪山区的四个保障性租赁住房项目，总计1830套、13.47万平方米的房源通过REITs实现了资产证券化，整体评估值达11.58亿元。这种创新模式不仅盘活了存量资产，也为保障性住房的持续发展提供了可持续的资金来源。

这些保障性租赁住房的租户们普遍反映，搬进来后不仅省下了可观的租金支出，生活品质也得到了显著提升。社区配套设施齐全，物业服务规范，邻里关系和睦，让他们真切感受到了“安居”的温暖。曾经看似遥不可及的安居梦，正在这座城市里一步步变为现实。

而在上海浦东新区的民乐城社区，一个更大规模的民生工

---

① 朋信国资律师．国家发改委盘活存量资产典型案例之深圳安居保障性租赁住房REITs项［EB/OL］．（2023－05－05）［2024－11－27］．https：//zhuanlan.zhihu.com/p/626859518.

程正在上演。这里规划的总人口达到16.2万，其中相当一部分是产业工人。在社区内，一座名为“海恒苑”的经济适用房项目最近成为网络热议的话题。“这真是我见过最像商品房的经适房!”一位业主的姑姑在参观新房时连连称赞。确实，从小区大门到单元入户，从园林景观到地下车库，处处彰显着不逊于商品房的品质。

“品质是我们追求的重点。”项目负责人介绍说，海恒苑在建设过程中实施了15项标准提升。比如，创新性地将传统的屋顶水箱供水改为地下集中供水系统，南汇自来水公司还专门在这里建了一个“标准化泵房”。为了确保施工质量，项目团队推行“样板引路”，每个施工工序都要先做成样板，评审通过后才能大面积施工。这种精益求精的态度收获了丰厚回报：在2024年三场台风的考验下，小区没有出现任何渗漏问题。①

更令人欣喜的是，这个项目从开工到交付仅用了20个月，创造了保障房建设的“深圳速度”。去年年底的集中交付中，到场196户业主的收房率达到了100%，而且整个预验房过程中只收到了7条反馈意见。

---

① 每日经济新闻．20个月实现竣备交付！这个经适房项目被网友评价“最像商品房”［EB/OL］. https：//baijiahao. baidu. com/s?id = 1823138651856455711&wfr = spider&for = pc.

这些生动的故事背后，折射出我国住房保障体系的巨大进步。从最初的“安居工程”到如今的“品质保障房”，从单一的廉租房到丰富的保障类型，住房保障正在从“有房住”向“住好房”跨越。特别是近年来，一些创新做法让人眼前一亮。比如，多个城市允许利用集体经营性建设用地和企事业单位自有闲置土地建设保障性租赁住房，既盘活了存量资源，又扩充了房源供给。有的地方还推出“租赁住房 + 商业”的混合开发模式，通过商业收益反哺住房建设，提高了项目的可持续性。

展望未来，住房保障工作还大有可为。在一线城市，年轻人依然面临较大的住房压力。根据统计，2023 年上海、北京、深圳的房价收入比分别高达 27. 86、26. 05 和 34. 63，即使是月薪过万的白领，要在核心区域买房也需要几十年的积累。而在一些新兴产业园区，优质的保障性住房供给仍然不足，影响了产业发展和人才集聚。

破解这些难题，需要政府、企业和社会各界的共同努力。一方面要继续加大保障性住房的供给，特别是在就业机会集中、交通便利的区域，让保障对象真正实现“职住平衡”。可以借鉴深圳的经验，通过 REITs 等金融创新工具扩大资金来源，同时发挥市场机制作用，吸引更多社会资本参与建设运营。

另一方面要进一步提升保障性住房的品质和服务。像上海海恒苑这样的项目证明，保障性住房完全可以做到“民生”与“品质”的统一。未来可以更多地运用装配式建筑、智能家居等新技术，既提高建设效率，又提升居住体验。在社区治理方面，要注重培育居民自治组织，开展丰富多彩的社区活动，让保障性住房小区真正成为温暖的家园。

最难能可贵的是，我国的住房保障体系正在实现从“建好房”到“住好房”的转变。一些城市已经开始探索建立覆盖全生命周期的住房保障服务体系，从准入、使用到退出都有章可循。比如，通过“轮候制”“积分制”等方式，确保住房资源向最需要帮助的群体倾斜；通过定期复核机制，促进保障性住房的合理流转；通过引入专业化物业服务，提升小区管理水平。

在这片热土上，无数奋斗者的安居梦正在一步步实现。他们或许还在为生活奔波，但内心已经不再漂泊；他们依然在为梦想打拼，但已经找到了温暖的港湾。这正是中国特色住房保障体系的生动写照，也是城市让生活更美好的真实见证。

第4章

行

从“新三样”看外贸：一个转型升级的中国故事

如今的中国，新能源汽车已经成了我们生活中重要的代步工具之一。小区里，一排排整齐的充电桩早已成为标配，夜里总能看到电动汽车默默补充着电量。商场停车场上，新能源车专属的绿色标识越来越多，充电设施一位难求的景象也屡见不鲜。城市的主干道上，新能源公交车和出租车构成了一道亮丽的风景线。即便是在乡村地区，经济实惠的新能源汽车也逐渐成为农民购车的首选。

这种改变背后，是中国汽车产业实力的显著提升。2023年的最后一个季度里，中国汽车企业比亚迪的电车销量超越了美国巨头特斯拉，成为全球最大的纯电动车制造商。全年来看，特斯拉纯电车2023年交付180.9万辆，高于比亚迪的157余万辆。但比亚迪72.8%的年销量增速，则远高于特斯拉的35%的增速。中国的新能源汽车企业已逐渐成为全球这一产业的领军者。①

不只是新能源汽车，当我们抬头望向城市的天际线，越来越多的楼顶上闪耀着光伏板的银光。这些静默的能量收集器不知不觉间改变着我们的用电方式。走进千家万户的智能化家电产品往往都配备了光伏储能系统，将太阳能转化为日常生活所需的电能。而支撑这一切的动力电池，虽然隐藏在各类设备中不为人所见，却是整个清洁能源革命的核心。

从新能源汽车，到光伏发电，再到动力电池，这三张闪亮的新名片被称为中国外贸的“新三样”。它们不仅改变了我们的生活方式，更折射出中国制造业格局的一场重要转变。从“汽车大国”到“汽车强国”的跨越，从传统能源到清洁能源的转型，从产业链下游到核心技术的突破，每一步都印证着中国经济转型升级的坚实步伐。

如今的中国正在新能源汽车和清洁能源领域走出了一条新路。这不仅是出行方式的革新，更是整个社会生产生活方式的深刻变革。透过这些令人欣喜的变化，我们得以一窥中国经济发展的新图景。

---

① 刘莎．比亚迪纯电车上季度销量超越特斯拉，成为全球最大纯电动车制造商［EB/OL］．联合早报，（2024－01－03）［2024－12－05］．https：//www.zaobao.com.sg/news/china/story20240103－2561830.

从“老三样”到“新三样”：中国外贸的华丽转身

自加入世界贸易组织以来，中国在国际贸易上经历了飞速的发展。二十年前，走进世界各地的商场和超市，“Made in China”的标签就已随处可见。服装、家具和家电，这三类产品被称为中国外贸的“老三样”，它们是中国融入全球化的第一张名片。在那个时代里，凭借着充足而廉价的劳动力成本，这些劳动密集型产业在中国得到了快速的发展，进而在全球产业分工中占据了重要位置，为那一个时代中国经济的发展提供了庞大而充足的血液。

在“老三样”里，服装产业堪称是那个时代我国国际贸易的典型代表。中国在服装产业中的领导性优势延续到了今天，迄今为止，中国年产服装仍超过700亿件，占全球产量的一半以上。纺织品服装出口额在全球市场占比多年保持在约1/3。这个产业的发展历程，正是中国制造业成长的缩影。从最初的贴牌生产，到逐步建立自主品牌，再到如今在米兰时装周等国际舞台上崭露头角，中国服装产业完成了一次质的飞跃。

我国的家具和家电行业同样走出了一条成长壮大的道路。自2006年成为全球最大的家具出口国以来，中国在这一领域的优势地位从未动摇，产值占全球的35%以上。更为令人瞩目的是家电领域的成就，中国制造的冰箱、洗衣机在全球市场占比超过 50%，空调更是高达 80% 以上。这些产品不仅实现了量的突破，更在质的提升上取得显著进展：中国生产的家具和家电产品逐渐从“廉价、劣质”的代名词，转变为“物美价廉”的典型代表，逐步从中低端向高端市场迈进。

然而，随着经济的发展和社会的变迁，劳动力成本不断上升，我国传统的比较优势逐渐减弱。与此同时，以人口红利为基础发展起来的劳动密集型产业，由于其在产业链上的劣势地位，已经逐渐不再能够满足我国高质量发展的需要。

新一轮科技革命和产业变革带来的机遇，为中国制造业的转型升级指明了方向。在这样的背景下，新能源汽车、锂电池和光伏产品这个“新三样”应运而生，并迅速成为中国外贸新的增长点。2023 年，“新三样”的出口总额首次突破万亿元大关，达到 1.06 万亿元，同比增长 29.9%。2024 年第一季度的数据更加喜人，电动载人汽车、太阳能电池、锂离子蓄电池出口量同比分别增长 28.5%、24.7% 和 5.9%。[①]

从经济学的视角来看，这种转变印证了产业升级的一般规律。当一个国家的要素禀赋发生变化时，其比较优势也会相应

---

① 黄浩．“对出口有信心”2023 年“新三样”出口首次突破万亿元大关［N/OL］．新华网，（2024－01－12）［2024－12－07］．http：//www.news.cn/fortune/20240112/729be84a956a4d3aae196b95f3a2e301/c.html.

转移。中国不再满足于依靠劳动力成本优势参与国际竞争，而是通过持续的技术创新，在新能源领域建立起了新的比较优势。这种转变的源头，是中国不断完善的制度基础、庞大的市场规模带来的规模经济效应，以及持续的技术创新投入。

“新三样”，从跟跑到领跑

新能源汽车、锂电池与光伏，作为中国制造业转型升级的新标杆，正在重塑全球产业版图。“新三样”的崛起，不仅展现了中国制造业由大到强的转变历程，更是中国在全球价值链上攀升的生动写照。从街头巷尾的变化，到产业发展的跨越，处处彰显着中国经济转型升级的活力。

回望过去十年，中国新能源汽车产业的发展历程，既是一部技术创新史，也是一部市场培育与政策引导的协奏曲。2013年8月，当特斯拉首次开放 Model S 在中国的预订时，一辆进口的 Model S 售价高达 73.4 万元。彼时，特斯拉 CEO 马斯克访华与时任科技部部长万钢会面，试图为特斯拉争取更多政策支持。中国本土的新能源汽车产业，正是在面对这样强大的对手的背景下，开始了自主发展的步伐。

中国本土车企一直在积极探索。比亚迪的掌门人王传福早在 2003 年就看准了电动汽车的未来。2009 年，比亚迪推出全球首款量产插电式混合动力车型 F3DM，虽然最初的市场反响并不理想，但这种坚持为后来的发展奠定了基础。从 2009 年启动的“十城千辆”示范工程，到 2015 年新能源汽车销量首次突破 33 万辆，中国新能源汽车市场逐步从政策引导走向市场驱动。

这个过程中既有成功也有挫折。2016 年爆发的“骗补”事件，暴露了依赖补贴推动发展的隐患。然而这一危机也促使行业加速洗牌，倒逼企业更加注重技术创新和产品力提升。随后几年，以蔚来、理想、小鹏为代表的造车新势力相继登场，带来了全新的品牌理念和商业模式。蔚来首创电池租用服务（BAAS），大幅降低了用户购车门槛；理想则以增程式电动技术解决里程焦虑；小鹏聚焦智能驾驶，推动自动驾驶技术的普及。

在街头巷尾，这种变化尤为明显。2015 年，全国充电桩保有量仅为 5 万个，充电难成为新能源汽车发展的瓶颈。如今，全国充电基础设施保有量已超过 500 万个，覆盖了社区、商场、写字楼等各类场景。充电网络的完善大大提升了用户使用体验。过去的人们在购买第一辆新能源汽车时，为了充电需要提前规划路线。而现在，随着快充技术的进步和充电设施的普及，特别是换电技术的推广充电已经变得像加油一样便捷。

产业发展更是日新月异。2021 年，比亚迪宣布停止生产燃油车，全面转向新能源，这一决定被视为中国汽车工业发展的转折点。随后，理想、蔚来、小鹏的月销量相继突破万辆大关，展现了造车新势力的成长。2023 年，中国新能源汽车产销量双双突破 900 万辆，占全球市场份额超过 60%。更重要的是，产品结构不断优化，从早期的微型电动车为主，发展到今天各个细分市场的全面布局。

技术创新是这一跨越的关键。以动力电池为例，中国企业在三元锂电池和磷酸铁锂电池两条技术路线上同步发力。宁德时代通过持续创新，电池能量密度从 2012 年的 90Wh/kg 提升至今天的 300Wh/kg 以上。比亚迪则凭借刀片电池技术，既提升了安全性，又将成本降低 30%。这些技术突破直接推动了新能源汽车性价比的提升。

在产业链层面，中国的优势更加明显。从上游的锂矿、镍矿、钴矿等原材料开发，到中游的电池材料、电机电控等核心部件制造，再到下游的整车组装，中国已经形成了全球最完整的新能源汽车产业体系。以长三角地区为例，方圆 300 千米范围内聚集了超过 80% 的核心零部件供应商，这种集群效应带来了显著的时间和成本优势。一个电机订单从下单到交付最快只需 48 小时，这种高效的产业协同能力是国际竞争对手难以企及的。

2024 年的新能源汽车市场更是精彩纷呈。3 月 28 日，小米 SU7 的发布将市场热度推向新的高潮。雷军在 2013 年就曾两次赴美拜访马斯克，深入了解特斯拉的发展历程。十年后，当他站在发布会舞台上展示小米汽车时，不仅带来了一款整合智能生态的汽车产品，更展现了中国企业从“跟跑”到“并跑”再到“领跑”的进步。首日近 9 万辆的订单量，印证了中国消费者对本土品牌的信心。

这种信心来自产品力的持续提升。早期的中国新能源汽车多以低价取胜，如 2015 年知豆 D2 等微型电动车的售价仅 5 万元左右。如今，比亚迪仰望 U8 以 110 万元起的价格正面竞争豪华品牌，蔚来 ET7 以其优秀的智能驾驶体验赢得高端市场认可。产品的升级带动了整个产业链的升级，从电池管理系统到车规级芯片，中国企业正在突破一个又一个技术瓶颈。

与此同时，中国新能源汽车的国际化步伐明显加快。2023 年，中国超越日本成为全球第一大汽车出口国，其中新能源汽车功不可没。比亚迪 Ocean 系列在欧洲市场广受欢迎，蔚来已在挪威、德国等国设立体验中心，展现出中国品牌的全球雄心。今年，比亚迪自有品牌的第一艘货轮“BYD EXPLORER NO. 1”停靠德国不来梅港，象征着中国新能源汽车出口进入新阶段。

这种成功也推动了全球汽车产业格局的重塑。大众、丰田等传统车企纷纷加大在华投资，与中国企业开展更深层次合作。例如，大众投资小鹏汽车，共同开发电动车平台；本田与比亚迪达成电池采购协议。曾经的“师傅”变成了“合作伙伴”，这种角色转换生动体现了中国新能源汽车产业的崛起。

这场变革的意义远超汽车产业本身。它是中国制造业转型升级的缩影，展现了中国经济从要素驱动向创新驱动转变的成果。新能源汽车产业带动了上下游数千家企业发展，创造了数百万就业岗位。更重要的是，它培育了一批具有全球竞争力的创新企业，为中国经济高质量发展提供了新动能。

在这场汽车产业变革中，锂电池产业的发展同样令世界瞩目。从最初依赖进口，到如今全球领先，中国锂电池产业的崛起既是技术突破的结果，也是前瞻性产业布局的成功。

2012 年，当时任中国科学院院士欧阳明高提出“中国要在动力电池领域实现换道超车”的观点时，很多人持怀疑态度。当时日韩企业在锂电池领域占据绝对优势，中国企业的技术水平和市场份额都相对落后。然而短短十年间，这个愿景已经变为现实。目前，中国动力电池产量已占全球份额的 75%，企业的技术创新能力和产业整合能力得到全球认可。

这一跨越离不开两位关键人物的贡献。宁德时代创始人曾毓群和比亚迪董事长王传福，以其独特的战略眼光引领了中国锂电池产业的发展方向。曾毓群选择了深耕动力电池领域，通过持续创新不断突破技术瓶颈。从最初的 90Wh/kg 到如今的 300Wh/kg 以上，宁德时代的电池能量密度不断提升，价格则从最初的每度电 2000 元降至现在的不到 500 元。王传福则凭借“汽车 + 电池”的双轮驱动战略，实现了从电池到整车的纵向整合，2020 年推出的刀片电池更是重新定义了磷酸铁锂技术的应用边界。

在技术路线的选择上，中国企业展现出独特的前瞻性。早期市场普遍认为三元锂电池是主流方向，但中国企业选择了同步发展三元锂电池和磷酸铁锂电池两条技术路线。这种战略布局为后来的市场竞争奠定了基础。当新能源汽车市场向多元化方向发展时，中国企业能够根据不同的应用场景提供最优解决方案。特别是在 2025 年原材料价格波动的背景下，磷酸铁锂电池的成本优势更加凸显。

产业链的完整布局是另一个关键优势。从上游的锂矿、镍矿、钴矿开发，到中游的正负极材料、电解液生产，再到下游的电池组装和系统集成，中国已经形成了完整的产业体系。在江西、福建等地，形成了以锂电池为核心的产业集群，上下游企业紧密协作，大幅提升了产业效率。数据显示，中国已掌握全球 80% 以上的电池关键材料精炼产能，这种产业链控制力进一步巩固了竞争优势。

这种优势也催生了新的商业模式和市场机遇。比如电池租赁和换电服务，就是中国企业基于完整产业链优势开发的创新模式。蔚来在全国建设了 1500 多个换电站，让用户三分钟内就能完成电池更换。这种模式不仅解决了充电难题，还降低了用户的购置成本，获得了市场认可。

在光伏产业领域，中国的发展成就同样惊人。从最初的市场跟随者，到如今在全球产业链中的主导地位，中国光伏产业的崛起展现了中国制造业转型升级的又一个范例。这种变化不仅体现在产业数据上，更深刻地改变着普通人的生活方式和能源消费观念。

走进中国中西部地区的农村，一个显著的变化是房顶上密布的光伏板。自 2014 年国家能源局启动“光伏扶贫”工程以来，光伏发电已经成为农民增收的重要手段。在山东省单县，农民们在屋顶安装了 5 千瓦的光伏发电系统，每年可为家庭增收近 6000 元。这些“阳光收入”不仅改善了农民生活，也推动了农村地区的能源革命。

在工业层面，中国光伏产业的成就更为显著。截至 2023 年，在硅料、硅片、电池片和组件等全产业链环节，中国企业已经确立了超过 80% 的全球市场份额。这种主导地位的确立源于持续的技术创新和产业链整合。以隆基绿能为例，通过不断提升单晶硅片的转换效率，将光伏发电成本降低了 80% 以上。这种降本提效直接推动了光伏发电在全球范围内的普及。

特别值得一提的是中国光伏企业在技术创新上的突破。2023 年，中国光伏企业申请的国际专利数量占全球总量的

80%以上。从P型电池到N型电池，从单面组件到双面组件，中国企业始终走在技术创新的前沿。这些创新不仅提升了光伏发电效率，更推动了度电成本的持续下降，使光伏发电在越来越多的地区实现“平价上网”。

产业发展的规模效应同样惊人。2023年中国光伏产业总产值突破1.75万亿元，带动就业人数超过300万人。在江苏、浙江等地，形成了完整的光伏产业集群，上下游企业协同发展，创造了显著的规模效应和成本优势。这种产业集聚不仅提升了生产效率，也加速了技术创新的商业化应用。

中国光伏产业的发展不仅改变了国内能源格局，更对全球能源转型产生深远影响。在面对全球气候变化挑战的背景下，中国光伏企业正在用实际行动推动绿色能源革命。以新疆为例，当地建设的光伏发电基地年发电量超过100亿千瓦时，相当于减少燃煤消耗300多万吨。这种清洁能源的替代作用，正在从根本上改变能源消费结构。

这一变革也带来了新的发展机遇。在城市屋顶、工业园区、农田等场景，“光伏+”的创新模式不断涌现。比如“光伏+农业”的立体种植模式，既保证了农作物生长，又实现了土地的立体利用。在浙江省湖州市，一个20兆瓦的“渔光互补”项目，不仅为当地提供清洁电力，还创造了可观的渔业收入，实现了经济效益与环境效益的双赢。

“新三样”的崛起对中国经济的意义深远而多元。首先，它推动了中国制造业的转型升级。数据显示，2023 年中国高技术制造业增加值同比增长 7.3%，高于整体工业增加值增速。在研发投入方面，中国制造业研发投入强度已达到 2.64%，跨过了创新型国家 2.5% 的基准线。这些数据背后是制造业从劳动密集型向技术密集型的根本转变。

其次，它培育了一批具有全球竞争力的创新企业。从宁德时代、比亚迪到隆基绿能，这些企业不仅在各自领域建立了技术优势，更通过持续创新打造了核心竞争力。以比亚迪为例，从最初的电池制造商发展成为全球领先的新能源汽车企业，其品牌价值已超过千亿元。这种成长不仅创造了可观的经济价值，更为中国经济高质量发展提供了新动能。

再次，它推动了产业链和供应链的优化升级。“新三样”产业的发展带动了上下游数千家配套企业成长，形成了完整的产业生态。这种产业链的完整性和韧性，不仅提升了中国制造业的国际竞争力，也增强了产业链供应链的安全性。在全球产业链重构的背景下，这种优势尤为重要。

最后，它为中国经济注入了新的增长动力。“新三样”产业的快速发展，创造了大量高质量就业岗位，带动了技术研发、设备制造、服务业等相关产业发展。尤其在后疫情时代，这些新兴产业展现出强大的成长韧性，成为稳定经济增长的重要力量。

展望未来，随着新一代信息技术与先进制造技术的深度融合，以及“双碳”目标引领下的产业升级，中国有望在全球产业分工中占据更加有利的地位。“新三样”的成功经验，正在为中国制造业向价值链中高端迈进提供有益借鉴。在这个过程中，技术创新仍将是核心驱动力，而市场机制和政策引导的有效结合，将持续释放发展潜力，推动中国经济实现高质量发展。

这不仅是中国经济发展的新机遇，也是全球经济绿色转型的重要力量。通过“新三样”产业的发展，中国正在为全球可持续发展贡献智慧和方案，展现了负责任大国的担当。在应对气候变化、推动能源转型的全球共同事业中，中国的实践和创新正在发挥越来越重要的作用。

直面挑战：如何看待“产能过剩”

中国“新三样”的快速发展以及在国际分工中地位的提高，触及了国际贸易中传统强国的利益，自然也引发了国际市场的一些疑虑和阻力。

在政策方面，2023 年 9 月，欧盟宣布对中国电动汽车启动反补贴调查，声称中国电动汽车享受“巨额国家补贴”。美国则通过《通胀削减法案》，补贴本土电动汽车和光伏设备，限制使用中国电池配件的电动汽车获得补贴，并对中国电动汽车征收额外关税。

在舆论方面，2024 年 4 月，美国财长耶伦在访华时，点明中国三个存在“产能过剩”的产业，并表示这一问题对美国和其他国家的生产商构成了威胁。同年 7 月，美国前乔治·华盛顿大学教授，时任财政部国际事务部副部长 Jay Shambaugh 也在演讲中指责中国的产能过剩导致的宏观经济失衡以及对全球的冲击。①

然而，只要是学过基本的经济学理论的人，就能够发现以上种种指责内在逻辑的不连贯之处。在 Jay Shambaugh 的演讲中，他将产能过剩定义为“产能超过国内需求，不受全球需求的制约”，并认为是“过度投资模式和政府支持导致了产能过剩”，担心持续的过度投资导致了结构性的产能过剩。他通过简单地假定未来两年中国的“新三样”会维持过去的增长速度，来估计了相应的供给和需求，并将其中的差额解释为“产能过剩”的存在。

然而，任何具备基本经济学常识的人都知道，与供需相对应的是价格，倘若供给长期高于需求，那么市场会通过降低价

① Jay Shambaugh：Remarks by Under Secretary for International Affairs Jay Shambaugh on Chinese Overcapacity and the Global Economy [EB/OL].（2024 - 07 - 10）[2024 - 12 - 07]. https：//home. treasury. gov/news/press - releases/jy2455.

格的方式来让供需匹配，实现出清。在 Jay Shambaugh 的分析中，全然没有提及这一基本的经济学常识，完全是射箭画靶，为了政治目的而罔顾基本的经济事实。

或许也有“产能过剩”论的支持者会进一步反驳：中国的新能源企业通过获取政府补贴来压低价格，使国际市场上正常经营的企业无法与之竞争，难道不是扰乱了国际贸易秩序吗？事实上，从国际经济学理论来看，中国新能源汽车产能的提升和价格下降最终会惠及美国消费者。

根据贸易创造效应理论，当中国新能源汽车以较低价格进入美国市场时，会让美国消费者能够以低于本国生产成本的价格获得产品，从而产生净福利增加。另外，依据著名的 H－O 模型，中国在劳动力和制造业产能方面具有相对充裕的要素禀赋，而美国在技术和资本方面具有优势。双方通过贸易可以充分利用各自的要素优势，实现帕累托改进。这种分工模式使美国消费者能够用更低的价格获得制造业产品，同时美国可以专注于发展其具有要素优势的产业。

从产业链角度来看，中国新能源汽车产业的发展降低了上游零部件的生产成本。即使美国实施了限制措施，但随着规模效应的显现，电池、电机等核心零部件的成本下降仍然会通过全球供应链传导至美国市场，降低美国本土车企的生产成本，最终让美国消费者获益。

从宏观经济的视角来看，贸易带来的价格下降会提升实际购买力，相当于增加了消费者的实际收入。消费者可以将节省下来的支出用于其他消费或储蓄，从而获得更高的效用水平。此外，价格下降还有助于抑制通胀，这对整体经济环境的改善也是有利的。因此，任何试图通过贸易保护来阻碍这一进程的做法，本质上都是以损害本国消费者利益为代价的。

一般意义上的“产能过剩”确实是有可能存在的。以曾经我国大量出口的钢铁、水泥为例，世界范围内对钢铁和水泥的需求基本是稳定的，因此当我国集中资源大量生产这些产品出口时，确实有可能带来经济意义上的“无谓损失”。

然而，目前全世界对“新三样”所包含的产品的需求显然没有达到饱和的状态，人类距离完成应对气候变化、推动能源转型的目标还很遥远，哪怕是美国本土实现向清洁能源的转型也还遥不可及，更不用说第三世界的欠发达国家。在全世界的需求面前，中国“新三样”的产能还远远称不上“过剩”，人类依然需要大量的产能来支持能源转型的目标。因此，宁愿扭曲事实，阻碍人类的共同繁荣，损害本国消费者的福利，也要对中国出口产品的作出激烈反应，恰恰说明了这些政客在义正词严背后，打压中国的特殊政治企图。

更深层次来看，美欧对中国“新三样”的反应，暴露了其在全球产业链重构过程中的焦虑。在传统的国际分工格局下，发达国家掌握核心技术和高附加值环节，而发展中国家则主要承担低附加值的加工制造。然而，中国在新能源领域的快速发展，不仅体现在制造能力上，更展现出了从研发设计到品牌营销的全产业链布局。这种产业升级打破了既有的国际分工秩序，动摇了发达国家在全球价值链中的主导地位。

面对这种变化，发达国家选择了一条短视的应对路径。他们过分强调产业安全和供应链风险，通过各种贸易限制措施试图缓解本国产业转型的压力。然而，这种做法不仅违背了经济全球化的基本规律，更有可能延误全球能源转型的进程。在气候变化日益严峻的今天，人类社会比任何时候都更需要优质且价格可负担的清洁能源解决方案。中国新能源产业的发展恰恰为全球绿色转型提供了重要支撑。

因此，对于中国而言，面对国际市场的质疑和阻力，最重要的是保持战略定力，继续推进产业升级和技术创新。一方面，要通过不断提升产品质量和技术水平，用事实回应“产能过剩”的质疑；另一方面，也要积极参与全球经贸规则的制定，推动建立更加公平合理的国际经济秩序。

对于国际社会而言，与其固守零和思维，不如携手合作，共同应对气候变化这一人类共同面临的挑战。唯有摒弃狭隘的保护主义倾向，充分发挥各国比较优势，才能加快全球绿色转型的步伐，实现经济发展与环境保护的双赢。毕竟，在应对气候变化的征程中，我们只有一个地球，也只有一个共同的未来。

经验总结与未来展望

中国外贸从“老三样”到“新三样”的转变，不仅是一个产业升级的故事，更是中国经济转型的生动写照。这一转变过程中积累的经验，对未来发展具有重要的启示意义。

首先，创新驱动是产业升级的根本动力。从比亚迪的刀片电池到宁德时代的 CTP 技术，从隆基绿能的单晶硅技术到小米汽车的智能化创新，每一次突破都源于持续不断的技术创新投入。这种创新不是简单的技术追赶，而是瞄准产业前沿、解决实际问题的创新。未来，随着新一代信息技术的快速发展，创新将在产业升级中发挥更加关键的作用。

其次，完整的产业链是构建竞争优势的关键。中国“新三样”的崛起，得益于上下游产业链的协同发展。从原材料供应到核心零部件制造，从整机组装到销售服务，形成了高效协同的产业生态。这种产业链优势不仅提升了生产效率，也增强了产业韧性，为应对国际市场波动提供了有力支撑。

再次，市场机制和政策引导的有效结合是成功的重要保障。从新能源汽车的补贴政策到光伏产业的“领跑者”计划，政府在产业发展初期通过政策引导培育市场，待产业具备一定规模后，及时调整政策让市场发挥决定性作用。这种“有为政府 + 有效市场”的发展模式，值得在未来产业培育中借鉴。

最后，全球化视野和本土化创新相结合是必由之路。中国企业既要把握全球产业发展趋势，积极参与国际竞争，又要立足本土市场特点进行创新。比如新能源汽车企业根据中国消费者偏好开发智能化功能，光伏企业针对不同地区气候特点开发差异化产品，这些都是全球化与本土化结合的成功案例。

展望未来，中国“新三样”产业发展面临新的机遇与挑战。

在机遇方面，全球绿色转型加速推进为中国新能源产业发展提供了广阔空间。随着各国加大应对气候变化力度，新能源汽车、光伏发电等清洁能源解决方案的需求将持续增长。同时，数字技术与新能源产业的深度融合，也将催生新的增长点。

在挑战方面，国际贸易环境的复杂性增加了产业发展的不确定性。一些国家以“产能过剩”为由设置贸易壁垒，反映了全球产业格局重构过程中的深层次矛盾。这要求中国企业在扩大产能的同时更加注重质量提升和技术创新，用产品力和服务力化解贸易摩擦。

中国“新三样”产业的发展，不仅关系到中国经济的转型升级，也是推动全球绿色发展的重要力量。在未来发展中，只要坚持创新驱动、开放合作，就一定能在全球产业变革中赢得更大发展空间，为世界经济可持续发展作出更大贡献。

把握城市的血脉：交通生活的跃变

有句老话说得好，“要想富，先修路”。交通是城市的血脉，是连接人与人、城市与城市之间的纽带，是城市居民生活的重要组成部分，也是社会经济发展的重要支柱。纵观人类文明发展史，交通方式的演变始终与社会进步、经济发展和人民生活水平的提升密不可分。

对我们每个人来说，出行是生活中最基础的需求之一。无论是清晨匆匆赶往公司的上班族，还是周末带着家人外出游玩的父母，抑或是走街串巷送外卖的骑手，都受到交通方式变迁的深刻影响。

细细想来，在“衣食住行”这四大民生要素中，“行”的变化最能体现时代的进步。我们的父辈经历过自行车票难求的年代，现在的年轻人却已习惯了用手机一键叫车。我们的衣着虽然日新月异，但传统服饰依然在节日场合大放异彩；我们的饮食虽然推陈出新，但老字号的味道始终是解不开的乡愁；我们的住房虽然拔地而起，但建起一座新楼总要三五年。唯独交通工具的更迭特别迅速且彻底——当新的出行方式出现，很快就会改变人们的生活习惯。

回望新中国成立70多年来的历程，我们的出行方式经历了翻天覆地的变化。上了年纪的人还记得，新中国刚成立时，大多数城市连一条像样的柏油马路都没有，下雨天满街是泥，晴天遍地是土。那时候，只有少数几个大城市的街道上能看到公共汽车，大部分人靠步行和人力车代步。想坐火车更是难上加难，西南、西北地区的老百姓甚至从未见过火车是什么模样。

随着国家综合实力的不断增强，中国城市居民的交通出行方式发生了翻天覆地的变化，从自行车王国到高铁时代，从过去“桑塔纳”和“捷达”称霸市场到如今的“造车新势力”百花齐放，从“走得了”到“走得好”，折射出国家发展的光辉历程和人民生活水平的显著提升。

新中国成立初期，百废待兴，城市交通基础设施十分薄弱。当时的城市居民主要依靠步行和自行车出行，公共交通以有轨电车和公共汽车为主，但线路少、班次少，且多集中在少数大城市。自行车作为当时最主要的个人交通工具，“永久”牌、“飞鸽”牌等著名品牌自行车成为许多家庭梦寐以求的“三大件”之一。在那个物资匮乏的年代，拥有一辆自行车不仅是出行的需要，更是一种身份的象征。

进入社会主义建设时期，随着国民经济的恢复和发展，城市交通建设逐步加快。各大城市相继开通了公共汽车线路，北京、上海等大城市开始建设地铁。1969 年，北京地铁一号线建成通车，开创了中国内地城市轨道交通的先河。

20 世纪六七十年代，自行车开始走进千家万户。那时候，拥有一辆“永久”或“凤凰”牌自行车，不亚于现在开一辆豪车的派头。每到上下班高峰，大街小巷都是川流不息的自行车大军，远远望去，像是一条流动的河。

改革开放后，中国城市交通发生了革命性的变化，我们的出行选择开始丰富起来。首先是公共交通的快速发展，公交车型不断更新换代，从老式公共汽车到无人驾驶地铁，从单一的地面公交到地铁、轻轨、快速公交系统（BRT）等多样化的立体交通网络。特别是进入 21 世纪后，中国掀起了地铁建设的高潮，截至 2024 年，中国内地已有 50 多个城市开通运营地铁，总里程超过 10000 千米，居世界首位。

与此同时，中国汽车工业实现了跨越式发展。从最初的“凤凰”牌轿车到如今的新能源汽车，中国汽车工业走过了引进、消化、吸收再创新的道路。私家车从改革开放初期的稀罕物，发展到现在“停车难”成为城市治理的重要课题。据统计，截至 2024 年，中国汽车保有量已超过 4 亿辆，其中新能源汽车保有量超过 2000 万辆，居世界首位。中国不仅是世界最大的汽车市场，更在新能源汽车领域走在了世界前列。

在民用航空领域，中国同样取得了举世瞩目的成就。从改革开放初期少数人才能享受的“天上贵族”，到现在的“空中公交”，飞机出行日益普及。特别是 2023 年 5 月 28 日，国产大型客机 C919 正式投入商业运营，标志着中国成为继美国、欧洲、俄罗斯之后，第四个能够自主研制大型客机的国家。这不仅是中国航空工业发展的里程碑，更是中国制造向中国创造转变的生动写照。

展望未来，随着智能交通、无人驾驶、超级高铁等新技术的发展，中国城市居民的交通出行方式将更加便捷、环保和智能。“出行即服务”的理念正在成为现实，人们可以通过手机 App 一键规划全程出行方案，实现多种交通方式的无缝衔接。从“走得了”到“走得好”，再到“走得妙”，中国城市居民的交通生活正在书写新的篇章。

这一系列变迁不仅反映了中国交通领域的巨大进步，更折射出中国社会经济的快速发展和人民生活水平的显著提升。从自行车到私家车，从绿皮火车到高铁动车，从国产飞机的梦想到 C919 的蓝天翱翔，每一个进步都凝聚着几代人的智慧和汗水，都是中国发展繁荣的缩影。在新时代的征程上，相信中国的交通事业必将续写新的辉煌，为实现中华民族伟大复兴提供更强有力的支撑。

新中国成立初期

新中国成立之初，百废待兴，城市交通基础设施极其薄弱。作为经济发展的重要基础和动脉，交通建设成为新中国城市建设的首要任务之一。在党和政府的大力推动下，交通事业开始逐步恢复和发展，为新中国经济的腾飞奠定了坚实基础。

在1949年新中国成立以前，我国城市交通基础设施极度匮乏，呈现出深度落后的状态。整个国家的城市道路建设水平都处于相当原始的阶段，不仅路网分布零散、不成体系，而且道路质量低下。这种状况导致了一个普遍现象：天气晴朗时尘土飞扬，雨天则泥泞难行，严重影响着城市居民的日常生活。

即使作为全国政治中心的北平，其道路建设状况也同样令人担忧。当时的北平市区道路总计仅有215千米，总面积140万平方米，大多数道路的宽度都不足10米。城区内密布着3000多条狭窄的胡同，这些胡同宽度仅有4—6米，且全部是未经硬化的土路。就连后来成为北京主干道的长安街，在当时最宽的路段也仅有11米。城中虽然也有少量铺设了沥青的道路，但这些路段大多分布在权贵居住区周边，且由于缺乏维护，路面多已破损。以西单北大街这样的重要街道为例，路面的沥青层已经剥落殆尽，只剩下散乱的碎石。当时人们描述北京的街道状况时说："晴天时沙土没脚，细尘扑面；雨天时则污泥遍地，臭气熏天。”这生动反映了当时北京糟糕的交通环境。①

作为当时中国最重要的经济中心，上海的道路状况也未能幸免于这种落后状态。新中国成立前，上海市区的道路总长度仅有711千米，道路面积为589万平方米。由于长期缺乏必要的养护，道路普遍坑洼不平。每逢雨季，路面积水成潭，车辆在布满污泥的街道上艰难前行，道路实际上处于半瘫痪状态，给市民的生产生活带来严重困扰。②

为了改变这种落后状况，新中国成立后的政府在第一个五年计划期间开始实施大规模的城市交通建设。通过统筹安排资源，各地积极推进道路建设工作。这些努力很快显现成效，到1952年底，全国城市道路总长度从1949年的11127千米增加至12291千米。在这一时期，以北京、上海为代表的重点城市都开展了规模空前的道路建设工程。

在北京，市政府重点解决了道路数量不足和质量低劣的问题。其中最具代表性的是修建了宽达100米的东西长安大街，全长约10千米。同时，还对众多胡同进行了路面平整和沥青

---

① 《当代中国的北京》编辑委员会．当代中国的北京（上）[M]．北京：中国社会科学出版社，1989：299.

② 《当代中国》丛书编辑委员会．当代中国的上海（上）[M]．北京：当代中国出版社，1993：760.

铺设工程。① 上海方面则采取了一系列措施改善道路条件：1951 年夏，开始建设蕴藻浜和长寿路两座大桥，显著提升了市区至吴淞以及沪西工业区至沪东工业区的通行能力。20 世纪 50 年代末期，又建成了共和新路跨铁路立交桥，有效解决了市区至彭浦等地区的交通堵塞问题。此外，还对北京路、天目路、南京路和河南路等主要干道进行了拓宽改造，缓解了市区交通拥挤的状况。②

在公共交通方面，新中国成立前的状况同样不容乐观。全国仅有 26 个城市拥有公共汽车和电车，总计 2292 辆，且这些车辆主要集中在上海、天津、南京、广州等少数大城市，其中超过 70% 的车辆仅在繁华商业区运营。甚至一些省会城市，如太原、成都，当时都还没有开通公共汽车服务。

经过三年恢复与发展，到 1952 年，拥有公共交通的城市数量增至 41 个，公交车辆总数达到 3515 辆。北京、天津、上海、哈尔滨等重点城市相继开通了有轨电车和无轨电车线路，这不仅为市民出行提供了便利，也为工业发展提供了重要的劳

---

① 曾业英. 五十年来的中国近代史研究［M］. 上海：上海书店出版社，2002：132.

② 《当代中国》丛书编辑委员会. 当代中国的上海（上）［M］. 北京：当代中国出版社，1993：760.

动力流动保障。[①] 特别值得一提的是，1953 年 7 月 1 日，上海开通了由中国自主设计、制造的首批无轨电车和自主设计、架设的首条线路（当时编号为 21 路），这标志着上海电车企业结束了依赖外国技术的历史，具有重要的里程碑意义。[②]

在这一过渡时期，人力三轮车发挥了重要的补充作用。解放初，上海有三轮车 26570 辆，每日载客人数 56 万人，占市内客运量的 43.95%。它不仅是居民出行的重要工具，更是城市物流体系的重要组成部分，为城市经济的恢复和发展提供了基础支撑。但随着公共交通的发展，三轮车运营逐渐萎缩。到 1957 年，上海的三轮车数量已减少到 1625 辆，每天运客量减少到 38 万人次，仅占公共交通运量的 14.8%。[③]

在城市公共交通逐步发展的同时，自行车作为一种全新的个人交通方式，也开始在全国范围内悄然兴起，成为改善城市居民出行条件的另一重要途径。从全国范围来看，自行车的普及率呈现出显著的增长趋势：1950 年时，每千人平均仅拥有 0.038 辆自行车，到 1956 年，这一数字已经攀升至 1.14 辆，

① 张南. 新中国成立以来城市居民日常生活变迁研究［D］. 北京：中央党校：150.

② 上海市人民政府交通办公室，上海市经济学会. 上海交通（1949—1988）［M］. 上海：上海科学技术文献出版社，1989：378.

③ 上海市人民政府交通办公室，上海市经济学会. 上海交通（1949—1988）［M］. 上海：上海科学技术文献出版社，1989：379.

增长了近30倍。这一发展态势在具体调查数据中得到了进一步印证。1957年针对全国23个城市2615户工人家庭开展的一项调查显示，在20—30岁的青年工人群体中，约有五分之一的人已经拥有了自己的自行车。①

以首都北京为例，自行车的普及速度尤为迅速。该市职工家庭的自行车拥有量呈现出持续增长的态势：1955年时每100户家庭平均拥有24辆自行车，到1956年这一数字上升至29.1辆。到1957年末，北京市的自行车保有量已经达到了45万辆的规模，这一数字充分反映出自行车作为个人交通工具在城市居民日常生活中的重要地位，也从侧面展现了当时城市居民生活水平的逐步提高。②

这一时期基础设施建设的重点是铁路网的构建。1949年底全国铁路总长为24749千米，但分布极不均衡，主要集中在沿海和东北地区，西南和西北几乎没有铁路。为打破这种不平衡发展的局面，新中国开始了大规模的铁路建设。1952年建成的成渝铁路具有里程碑意义，它是新中国第一条完全由中国人自己设计施工、完全使用国产材料建成的铁路。这条铁路的建成不仅打通了西南地区的交通命脉，为该地区的工业化发展

---

① 张南. 新中国成立以来城市居民日常生活变迁研究［D］. 北京：中央党校：155.

② 北京市统计局. 北京四十年 1949—1989［M］. 北京：中国统计出版社，1990：555.

创造了条件，更展现了中国人民自力更生的精神。1957 年武汉长江大桥的建成则是另一个重要节点，它打破了长江天堑，促进了南北经济联系，对区域经济协调发展具有重大意义。

经过几年努力，到 1952 年底，全国城市道路总长度达到 12291 千米，初步形成了以铁路为骨干、公路为补充的综合交通网络。这一成就不仅改善了居民的生活条件，更重要的是为新中国工业化和城市化进程提供了基础保障。货物运输能力的提升促进了各地区间的物资流通，客运量的增长加强了人员往来，这些都为新中国经济的快速发展创造了有利条件。

虽然这一时期的城市交通发展整体上还很不平衡，条件相对落后，但通过政府的努力和人民的奋斗，中国开始摆脱交通落后的局面。这一时期的交通建设成就，不仅改善了城市面貌，方便了居民生活，更为后续的经济腾飞打下了坚实基础。从这一发展历程中，我们可以清晰地看到交通建设与经济发展的密切关系，也见证了新中国在艰苦条件下开启现代化建设的坚实步伐。

社会主义革命和建设时期

随着新中国第一个五年计划的完成，通过大规模的基础设施建设和技术革新，中国城市交通开始向现代化迈进，为国民经济的快速发展提供了重要支撑。

1956 年 9 月，中共八大通过的《关于发展国民经济的第二个五年计划》明确指出：“在第二个五年计划期间，为了适应工农业生产和国防建设的需要，应该相应地发展交通运输和邮电事业，进一步建设新的铁路、公路和通信线路。同时应该有计划地加强和改进原有的运输和邮电设备，充分利用和适当发展民间运输工具。”

然而，1958—1960 年，中国的交通建设出现了显著的政策转向。国家摒弃了此前注重规范化的建设思路，转而提出“依靠地方、依靠群众、普及为主、发展地方交通”的新方针。这一政策导向引发了全国性的“全民修路”热潮，参与者甚至包括了小学生。虽然这种方式使道路数量在短期内迅速增加，但由于缺乏专业施工和质量把控，大多数新建道路的实际通行条件远未达到应有标准。

尽管如此，这一时期的交通建设仍然取得了一些重要成果。1958—1960 年，全国新建公路总里程达到 26.48 万千米。[①] 在铁路领域，标志性工程如宝成铁路、鹰厦铁路相继建成，昆明铁路实现了与越南铁路的互联互通。水运方面，完成了川江河道整治工程和京杭运河扩建工程。民用航空领域也取得进展，对部分机场进行了改建和扩建。这些基础设施的完善

① 张南. 新中国成立以来城市居民日常生活变迁研究［D］. 北京：中央党校：159.

有效缓解了这一时期面临的物资周转难题。

在城市公共交通领域，这一时期呈现出独特的发展特征。1960 年，由于全国汽油供应紧张，各地公共汽车公司为响应“少用油、多办事”的号召，开始尝试“以煤代燃”的创新措施。具体做法是在公共汽车顶部安装大型“煤气包”，每次充气可支持车辆行驶约 30 千米。以北京为例，1960 年 11 月已有 130 余辆公交车完成改装，主要有投入西单至石景山的 37 路、西单至玉泉路的 38 路和郎家园至地安门的 6 路等 8 条线路运营。这一措施在短短 3 个月内节约了 16.2 万升汽油。[①]

然而，由于当时技术条件的限制，无法实现气体压缩，只能在常压状态下将煤气储存在车顶的气袋中。这种设计带来了诸多不便：充满煤气时气包高高鼓起，随着煤气消耗逐渐瘪下，在车顶摇晃的样子令人担忧。更严重的是，一旦气量不足便容易抛锚，尤其在上坡路段，动力不足常常需要乘客下车协助推行。[②]

在轨道交通方面，这一时期经历了重大转折。1955 年 7 月，毛泽东同志提出社会主义建设应该以最快速度向前发展。1956 年《人民日报》元旦社论进一步明确了“多快好省”的建设要求。适逢新中国成立 10 周年临近，作为首都的北京率

---

① 刘牧．当代北京公共交通史话［M］．北京：当代中国出版社，2008：92.

② 王欣．百姓出行之 60 年变迁［J］．走向世界，2009（8）.

先开展了城市面貌改造工程。①

其中，有轨电车的命运发生了根本性转变。北京市第三届人民代表大会第一次会议通过决议，决定拆除内城全部和外城部分有轨电车轨道。从1958年10月4日到1959年3月10日，内城有轨电车线路陆续停运，共计停运230辆车，仅保留20辆52式8轮有轨电车。到1966年5月6日，随着最后一条有轨电车线路停运，北京有轨电车42年的历史正式画上句点。②作为替代交通方式，无轨电车得到了快速发展。截至1966年，北京的无轨电车网络已扩展至16条线路，运营里程达172.37千米，车辆保有量达440辆，为市民出行提供了重要保障。③

这一时期最具历史意义的是北京地铁的建设。1965年7月1日，北京地下铁道一期工程正式开工。该工程总投资7亿元，完成土石方工程量81842万立方米。经过4年零3个月的建设，1969年10月1日，中国第一条地下铁道——北京地铁1号线建成通车。④ 不过由于当时主要考虑战备需求，北京地铁在相当长一段时间内仅供参观，并未向公众开放常态化

---

① 胡源. 1949年后的北京电车［J］. 科技潮，2009（9）.

② 刘牧. 当代北京公共交通史话［M］. 北京：当代中国出版社，2008：83—84.

③ 李庆山. 新中国百姓生活60年（上）［M］. 北京：人民出版社，2009：152—153.

④ 刘牧. 当代北京公共交通史话［M］. 北京：当代中国出版社，2008：112.

运营。

与此同时，自行车作为私人交通工具的普及程度不断提高。城镇居民的自行车拥有量呈现稳步上升趋势：1957 年每百人拥有 0.5 辆，1960 年增至 0.77 辆，1965 年达到 0.87 辆，到 1970 年已达 1.61 辆。[①] 在当时的社会环境下，自行车与手表、缝纫机、收音机一起被称为家庭“三转一响”，是重要的生活资产，其中自行车位居首位。在计划经济体制下，购买自行车需要凭票，配额极其有限，一个单位每年能获得 10 张购车票就已经相当不错，个人想要买到一辆自行车可谓“一票难求”。当时的自行车市场也形成了品牌等级，永久、凤凰、飞鸽被誉为“三大名牌”，且只能用工业券购买。在物资普遍匮乏的年代，如果一个年轻人成家时能拥有“三大件”（手表、自行车、缝纫机），往往意味着较好的经济条件。[②]

然而，到了 1967 年和 1968 年，随着“打倒一切”“全面内战”的政治局面出现，国民经济遭受严重打击。一方面，国家经济主管部门陷入瘫痪，经济建设失去秩序。另一方面，此前制定的许多符合国情的经济政策，如“工业七十条”“商业四十条”“科学十四条”“高教六十条”，以及企业的生产责

① 国家统计局贸易物价统计司．中国贸易物价统计大全（1952—1983）[M]．北京：中国统计出版社，1983：47.

② 刘仰东．红底金字：六七十年代的北京孩子 [M]．北京：中国青年出版社，2005：201.

任制、劳动纪律、质量检验、安全操作等规章制度都被批判为“修正主义”的“管、卡、压”和“复辟资本主义”，导致无政府主义盛行。①

在这种特殊历史背景下，交通运输特别是铁路运输遭受重创。各派群众组织在夺权过程中的对立升级为公开武斗，导致铁路运输秩序严重混乱。从 1967 年上半年开始，京广线长江以南段、津浦路徐州和蚌埠地区、广西柳州、桂林、南宁地区以及东北长春、四平等多个路段被迫停运或间断运行。到 8 月，铁路平均货运日装车量比 7 月骤降 45%。除北京至山海关、徐州、武汉、包头，郑州至西安及黑龙江省内线路能维持基本通车外，其他铁路干线都处于堵塞、断续或完全中断状态。1967 年全国铁路日均装车数仅为计划的 45%。②

1966—1976 年，城市道路建设陷入无序状态。即使是北京新建的京周公路、首都体育馆南路，以及翻新扩建的宣武门外大街和五棵松至丰台的道路等工程，也都是在交通严重拥堵或道路破损的被动情况下才不得不进行的，且许多在建项目被迫中止。值得注意的是，在新中国成立后相当长的时期内，党和国家领导层普遍认为战争随时可能爆发，这种战备心态深刻

① 张南. 新中国成立以来城市居民日常生活变迁研究［D］. 北京：中共中央党校，2020：166.

② 武力. 中华人民共和国经济史［M］. 北京：中国时代经济出版社，2010：647.

影响着基础设施建设。正是在这种背景下，地铁建设与战备需求紧密结合，受到了中央的高度重视，最终促成了北京地铁工程建设方案的批准。①

改革开放以来

改革开放以来，中国的交通事业在科技的助推下实现了跨越式发展。这种发展不仅体现在基础设施的数量和质量上，更反映在交通工具的革新与进步中。人们的出行方式经历了一场深刻的变革，从艰难到便捷、从单一到多元、从缓慢到快速，展现出蓬勃的发展态势。

“要想富，先修路。”这句朴实的民谚，准确诠释了交通基础设施对经济发展的重要性。新中国成立后，为实现人民富足而开展的交通基础设施建设工作全面展开。特别是在改革开放后的40余年间，中国的交通面貌发生了翻天覆地的变化，一改过去规模局限、设施落后、运力不足、管理滞后的局面。以铁路、公路、水运、航空为核心的综合交通运输网络不断完善，为人民带来了前所未有的便利与舒适。

经过70多年的建设与发展，中国已初步构建起现代化的综合交通运输体系。“五纵七横”的交通大动脉贯通全国，在

① 张南. 新中国成立以来城市居民日常生活变迁研究［D］. 北京：中共中央党校，2020：167.

高速铁路、高速公路以及大型港口的建设方面，中国已跻身世界前列。这一成就可以通过一系列令人瞩目的数据得到印证：

在铁路领域，全国铁路营业里程从1949年的2.18万千米扩展至2018年的13.1万千米。尤其值得关注的是，到2017年，高速铁路已占铁路营业里程的19.8%，在铁路客运量中的占比更是达到56.8%。国产“复兴号”动车组的投入运营，更是在物理和精神层面将祖国的东南西北中紧密相连。

公路建设同样硕果累累，全国公路通车里程从1949年的8.08万千米增长到484.65万千米（含农村公路）。其中，高速公路从1988年的0.01万千米扩展到14.26万千米，等级公路占比从1979年的57.82%提升至2017年的90.89%。目前，高速公路网已覆盖了97%的20万以上人口城市及地级行政中心。①

民用航空的发展更是令人瞩目。截至2018年，全国民用航班机场数量达到233个，是1984年88个的2.65倍；航线总数攀升至4945条，较1979年的174条增长了近28.42倍；定期航班航线里程达到837.98万千米，相比1949年的1.14万千米增长了735倍以上。北京、上海、广州等大城市已经发

① 刘志强，吴凯．我国公路总里程已达484.65万公里、高速公路达14.26万公里［EB/OL］．人民日报，(2019－07－19)［2024－12－20］．http：//www.peopledailynews.eu/zgxw/20190719_59708.html.

展成为具有国际影响力的航空枢纽。

水运建设同样取得显著进展。内河航道里程从1949年的7.36万千米增加到2018年的12.71万千米，形成了四通八达的水路网络。这一网络主要包括长江干线、西江航运干线、京杭运河、长江三角洲和珠江三角洲的高等级航道网，以及18条主要干支流高等级航道和28个重要港口，覆盖全国20个省区市。

随着改革开放的深入推进，城市公共交通体系日益完善。公交车、出租车、轨道交通等多种交通方式优势互补，为城市居民提供了更加便捷的出行选择，显著提升了人们的出行体验。

改革开放初期，公共汽车以柴油动力为主，以依卡路斯（IKARUS）、斯柯达（SKODA）等外国品牌为主，国产的解放客车也逐步投入使用。当时的公共汽车条件相对简陋，车厢狭小，座椅僵硬，车厢密封性差，加之减震效果不佳，乘坐体验欠佳。

1978年改革开放后，各地将交通发展列为重点任务，公共交通状况得到显著改善，城市公交线路与车辆数量大幅增加。这一时期最显著的变化是客运出租车的兴起。从20世纪70年代初期开始，街头出现了少量出租车。随着改革开放后私营经济的发展，私营出租车数量迅速增长。同时，城市公共交通打破传统运营模式的束缚，开辟了小公共汽车线路、旅游专线、双层车等多样化运营线路。北京地铁也突破单一的战备功能定位，转向以运营服务为主。

20世纪90年代中后期，城市公交系统进入快速更新期，通过增加运营车辆、扩大线网覆盖、优化线路布局等措施，逐步形成了包含公共电汽车、出租车、地铁、城市铁路、水路、航空在内的立体化公共交通体系，极大缓解了市民的“出行难”问题。

进入21世纪，公共交通的发展重点转向立体化、安全性和快速性。随着私家车的普及，人们的出行自由度显著提升。与此同时，许多大城市开始实施“公交优先”政策，通过引导市民选择公共交通工具来优化交通结构，缓解交通压力。城市建成了包括主干道、次干道、慢车道、高架桥、人行道、快速立交桥在内的现代化道路网络体系，城市交通功能得到全面提升。

当前，市民的出行选择更加丰富多样。便捷安全的公共交通、蓬勃发展的出租车、网约车、私家车，以及地铁、轻轨、共享单车等新兴交通工具，持续提升着人们的出行效率和体验。截至2017年，全国城市道路面积达到78.9亿平方米，地级以上城市营运公共汽（电）车达50.0万辆。到2018年，城市客运量攀升至1262亿人次，已有30多个城市开通轨道交通，运营线路171条，总里程达5295千米。

改革开放前，大多数国人的出行方式相对单一，短途以步行为主，长途出行机会较少。改革开放初期，轻便实用的自行车迅速普及，成为最普遍的代步工具。进入 20 世纪八九十年代，摩托车逐渐取代自行车，成为新的时尚象征。随着改革开放的深入推进，经济的快速发展带动城市居民收入持续增长，汽车开始替代摩托车，成为新的主流交通工具。①

21 世纪伊始，国家开始大力推动汽车产业发展。2001 年 3 月，全国人大九届四次会议通过的第十个五年计划纲要首次提出“鼓励轿车进入家庭”的政策导向，打破了近半个世纪以来官车独大的格局。这短短八个字的政策表述，将 1994 年《汽车工业产业政策》中对公民拥有汽车的权利从认可提升至鼓励层面。同年 5 月 10 日，国家计划委员会宣布放开国产轿车价格管制；12 月 11 日，中国正式加入世界贸易组织，为汽车产业的发展注入新的动力。

此后，中国汽车产业进入快速发展轨道。截至 2014 年底，私人汽车保有量达到 12339. 3 万辆，是 1995 年 249. 96 万辆的 43 倍。2013 年，中国私人汽车保有量首次突破 1 亿辆大关；到 2016 年，私家车总量增至 1. 46 亿辆，每百户家庭平均拥有 36 辆。成都、深圳、苏州等城市的私家车普及率更高，每百

① 张南. 新中国成立以来城市居民日常生活变迁研究［D］. 北京：中共中央党校，2020：190.

户家庭拥有量超过70辆。截至2018年底，全国汽车保有量达到2.4亿辆，城镇家庭每百户汽车拥有量从2013年的21.5辆提升至40辆。从地域分布来看，全国有61个城市的汽车保有量超过百万辆，其中27个城市超过200万辆，北京、成都、重庆、上海、苏州、郑州、深圳、西安8个城市更是突破300万辆。

然而，私家车的快速增长也带来了严峻的城市交通问题。以北京为例，市内严重拥堵路段从1993年的27处激增至1999年的99处，到2017年更是达到203处。可以说，北京市主要城区的交通干道都不同程度地存在拥堵问题。除了交通拥堵，环境污染问题也日益突出。数据显示，汽车排放的一氧化碳占许多大城市总排放量的90%以上，烃类排放物占70%以上，氮氧化物占50%。这些排放物中的氮氧化物和各类微小颗粒物不仅污染城市环境，还威胁着市民健康。这些问题的出现促使城市开始探索更加环保、更具可持续性的交通发展模式。

伴随着城市规模的快速扩张和城镇化水平的提高，中国城区人口100万以上的城市数量从2006年的57个增加到2017年的78个。这些城市中，大多数的交通承载量已接近饱和，部分城市甚至超出负荷，一些城市中心区域经常出现交通半瘫痪状态。交通拥堵已成为普遍的“城市病”，不仅容易引发社会纠纷，还会影响经济发展、市民生活、城市形象和社会稳定，已成为当前政府必须重点关注和解决的紧迫问题。

纵观新中国成立70多年来城市居民交通生活的变迁历程，我们可以清晰地看到一个平凡却意义深远的经济发展缩影。从自行车票、火车票“一票难求”到高铁动车一键购票，从“三大件”之首的自行车时代，到私家车进入千家万户，再到新能源汽车的蓬勃发展，每一次交通工具的更迭都是一次消费升级的写照，折射出中国经济发展的不同阶段和人民生活水平的显著提升。

交通基础设施的完善不仅带来了经济效益的提升，更创造了巨大的社会价值。高速公路网的延伸让偏远山区与城市紧密相连，推动了区域经济协调发展；高铁网络的扩展缩短了城市间的时空距离，加速了经济要素的流动；共享单车的兴起催生了新的商业模式，展现了数字经济的活力。

从最基础的“走得了”，到追求“走得好”，再到如今的“走得妙”，交通方式的演进过程映射着中国经济由量的积累到质的飞跃的发展轨迹。放眼未来，随着智能网联汽车、超级高铁等新技术的突破，中国交通领域必将继续引领新一轮产业变革，为经济高质量发展注入强劲动力。正是通过这样一个普通人每天都要面对的“行”字，我们得以窥见中国经济发展的磅礴气势，体会改革开放给人民生活带来的深刻变化，感受社会主义现代化建设的光明前景。

逐梦蓝天：民航业的发展与国产大飞机的问世

在经济发展的长河中，某些标志性产业的突破往往能够折射出一个国家的发展阶段和经济实力。1954 年，当第一架国产飞机——初教 5 冲上云霄时，很少有人能想到，70 多年后，中国会成为全球第四个能够自主研制大型客机的国家。这条从“借鸡生蛋”到“凤凰展翅”的道路，不仅是一部科技进步史，更深刻反映了中国经济发展模式的演进历程。

从经济学的视角来看，大型客机制造业是一个典型的技术密集型产业，具有显著的规模经济特征和极高的进入壁垒。这个行业不仅需要巨额的固定资产投入，更需要长期的技术积累和完整的产业配套体系。

新中国成立之初，百业待兴。彼时的中国，不仅缺乏完整的工业体系，更面临着严重的资本稀缺和技术短板。虽然初教 5 的试制成功为新中国民用航空工业书写了动人的开篇，但在工业基础薄弱、技术积累有限的条件下，这更像是一个理想主义的尝试。从经济发展规律来看，一个国家的产业结构往往需要遵循“由低到高”的渐进式演进路径，过早地追求超越发展阶段的产业跨越，往往会带来资源配置效率的降低。

航空客运市场的发展历程正是中国经济腾飞的一个缩影。1950 年 7 月 27 日，第一条国内航线北京—天津—沈阳的开通，标志着中国民航业的起步。然而，在计划经济时期，由于整体经济发展水平的限制，航空运输主要服务于政务和外交需求，与普通民众的生活尚有距离。直到 1978 年，全国民航旅客周转量仅有 27.91 亿人千米，这一数据从供给和需求两个维度反映了当时中国经济的发展阶段：一方面是运力不足的供给约束，另一方面则是购买力不足的需求限制。

改革开放是中国经济发展的重要转折点，其核心是确立了市场经济的改革方向。1980 年开始引进波音客机的决策，实际上反映了中国对外开放战略的深刻内涵。从经济学角度来看，这是一个典型的“后发优势”策略：通过技术引进和市场开放，在全球价值链中寻找适合的定位，并在此基础上逐步实现产业升级。“以市场换技术”的策略选择，体现了对比较优势理论的实践运用——在技术积累不足的阶段，充分利用劳动力成本优势和市场规模优势，通过参与全球分工体系获取发展机遇。

1985 年与波音公司签署的商用客机购买合同具有里程碑

意义。这不仅是一个商业合同，更是中国融入全球航空产业价值链的重要起点。从产业经济学的视角来看，这种策略使中国在不断扩大的航空市场中获得了学习曲线效应和经验积累的机会。通过合作生产、零部件制造等方式，中国航空制造业逐步掌握了先进的生产工艺和管理经验，这种渐进式的能力提升符合产业发展的一般规律。

1984 年，试制成功的运－7 虽未能实现商业化，但从创新经济学的角度来看，这种“试错”过程本身就具有重要的经济价值。创新活动存在显著的外部性和溢出效应，即使未能直接实现商业成功，也为整个产业积累了宝贵的技术和人才资源。这些早期投入形成的知识储备和创新能力，为后续发展奠定了基础。

进入 21 世纪后，中国经济实力的显著提升为航空工业发展创造了新的机遇。从产业政策的角度来看，2007 年启动大型客机研制项目是中国推进产业结构升级的重要举措。这个时间点的选择具有深刻的经济学依据：一方面，中国已经积累了足够的资本和技术基础；另一方面，产业升级的内在需求也已经显现。这种“有效干预”的政策选择，体现了政府在战略性新兴产业发展中的引导作用。

C919 项目的实施过程展现了现代产业组织的特征。它需要 22 个省市、200 多家企业、36 所高校、数十万产业人员的协同，这种大规模的产业协作体现了专业化分工的深化。从产业组织理论来看，这种协作网络的形成不仅降低了交易成本，也促进了创新要素的有效流动。100 多项核心技术的突破和 10 万余项技术标准的掌握，实质上构建了一个创新密集型的产业生态系统。

大型客机产业的经济影响具有显著的乘数效应。一架大型客机的制造可以带动近 200 个行业的发展，这种产业关联效应通过供应链网络扩散到整个经济体系。从就业效应看，它不仅直接创造了数十万个高质量就业岗位，更重要的是提升了整个制造业的技术水平和人力资本存量。目前，已获得的超过 1000 架订单，预示着这个产业正在形成稳定的市场规模。考虑到未来 20 年中国市场约 9000 架客机的需求预期，这个产业有望成为推动经济高质量发展的新引擎。

从产业组织的角度来看，C919 的成功可能改变全球航空制造业的市场结构。波音、空客的双寡头垄断格局可能演变为三足鼎立的竞争态势，这种变化不仅有利于市场效率的提升，也将为全球航空科技创新注入新的活力。

回望这段从“借鸡生蛋”到“凤凰展翅”的历程，我们可以看到中国经济发展模式的演进轨迹：从技术引进到自主创新，从加工制造到创新驱动，从要素驱动到效率驱动再到创新驱动。这个过程印证了一个经济学命题：产业升级是一个循序渐进的过程，需要在合适的发展阶段作出正确的战略选择。C919 项目的成功不仅是一个产品的诞生，更是中国经济实现高质量发展的生动注脚。

创新不是终点，而是新的起点。随着 C929 宽体客机研制的启动，以及新能源、智能化技术在航空领域的应用，中国航空工业正在开启新的发展篇章。这个过程将继续推动中国经济的转型升级，使中国在全球价值链中占据更高端的位置。这是中国经济韧性和活力的集中体现，也是中国特色社会主义市场经济制度优势的生动写照。从一个更宽广的视角来看，大型客机产业的发展历程，正是中国经济由大到强转变的缩影。

质量与效率：高铁、高速公路等基础设施建设

“早上在北京开会，下午到上海谈生意，晚上回家吃饭。”这样的行程安排，在10年前还是天方夜谭，如今却成为许多商务人士的日常。在高铁时代，城市之间的距离被大大压缩，人们的生活节奏和空间随之发生了翻天覆地的变化。

这种变化不仅体现在商务出行上。高铁网络的延伸，也让游子回家的路更近了，让城市之间的联系更紧密了。距离的改变带来了生活方式的革新。“周末去哪儿”这个困扰都市人的问题，因为高铁网络的延伸有了更多答案。住在南京的市民可以便捷地到上海看一场演唱会，生活在杭州的人们能轻松地去黄山度个周末。高铁不仅连接了城市，更串起了人们对美好生活的向往。

电商购物的便利性也得益于发达的交通网络。如今，哪怕是生活在西南山区的人们，通过互联网购物最快两到三天就可以收到货物，与过去的速度相比不可同日而语。这背后是一张

覆盖全国的物流网络：2023 年，邮政行业寄递业务量累计完成 1624.8 亿件。

这种变革最显著的体现是农村电商的发展。据统计，2014—2022 年，我国农村网络零售额从 1800 亿元增长至 2.17 万亿元，扩大了 11 倍之多。从沿海的工厂到内陆的村镇，从繁华都市到偏远山区，高速公路、高铁和机场构建起的立体交通网，让“天涯若比邻”不再是诗人的想象。

然而，在享受便利的同时，一些令人忧心的现象也映入眼帘。走进万宁和乐镇的高铁站，偌大的候车大厅空空荡荡，仅有几个旅客坐在长椅上等车。这座耗资数亿元的车站在建成后荒废了 14 年才开通运营。而在一个仅有 55 万人口的县级市里，竟然建有三个高铁站。这样的场景并非个例：全国有 20 多个高铁站长期处于荒废状态，有些建成后就从未开通，有些则是短暂运营后又关闭。

在浙江宁波，高塘桥地铁站投资了 2 亿元，但站台出口依然守望着一片农田。每天进出站的乘客寥寥无几，与当初规划中的繁华景象形成鲜明对比。这些“为未来预留的产能”，在给地方财政带来沉重负担的同时，也让人不禁反思：基建是不是已经超前了？

更令人担忧的是地方政府债务的快速攀升。统计显示，地方政府债务从 2008 年的 5 万亿元飙升至 2022 年底的约 90 万亿元，每年光是利息支出就需要3.6万亿—4.5万亿元。一些地方政府已经入不敷出，连公务员工资都难以按时发放。根据财政部数据，2023年上半年，全国地方政府债务率超过100%的地区已达到31个。

一直以来，中国究竟是否应该投入如此多的资源进行基础设施建设，就是备受关注的热门话题。经济学的边际生产理论告诉我们，在资源最优配置的状态下，各个行业的边际生产率应当趋于相等。这是因为如果某个行业的边际生产率明显高于其他行业，那么将资源从低边际生产率行业转移到高边际生产率行业，就能带来整体社会福利的提升。这就像是一个水池系统，水总是会从高处流向低处，最终达到相同的水平。

然而，中国的基建投资却呈现出与这一理论相悖的现象。研究数据显示，中国基建行业的边际产出率已经远低于其他产业部门。以高铁为例，早期干线如京沪高铁的投资回报率能达到8%以上，而近年来新建的许多支线项目，回报率却低至1%—2%，有些甚至是负收益。相比之下，制造业、服务业的平均资本回报率仍保持在8%—15%的水平。

这种巨大的边际生产率差异引发了学术界的广泛讨论。批评者认为这样的现象反映了投资决策中存在严重的扭曲。地方政府出于GDP考核、政绩工程等动机，往往倾向于过度投资基建项目，而忽视了经济效益的考量。就像文中提到的和乐镇案例，一个县级市建三个高铁站，显然违背了经济效率原则。

过度基建挤出了其他更具生产效率的投资。大量信贷资源流向基建项目，导致民营企业融资困难，制约了更具创新活力的产业发展。这种资源错配不仅降低了整体经济效率，还加剧了结构性问题。

这种投资模式的可持续性令人担忧。地方政府债务快速攀升，而许多基建项目的收益无法覆盖融资成本。这种情况下，维持投资扩张的唯一方式就是不断举借新债，这显然是不可持续的。

然而，在争议声中，一个经常被忽视的视角值得关注：基建对于促进社会公平的价值。

一条通往河南农村的高铁可能一直处于亏损状态，但它让偏远地区的居民享受到了与大城市居民同等的出行条件。这种“普惠性“的基础设施，其价值不应该仅用经济账来衡量。

基础设施的改善，拉近了地理距离，也在某种程度上缩小了区域差距。正如余永定所指出的，中国各级城市在基础设施领域的短缺依然十分严重，不存在投资饱和的问题。

此外，基建其实与消费升级之间也关系密切，这一事实在“双十一”等购物节中表现得尤为明显。2018 年中国社会消费品零售总额达到 5.76 万亿美元，与美国的差距持续缩小。而支撑这一巨大消费市场的，正是四通八达的交通网络。

以前从广州发货到北京要一周，现在通过顺丰特快，最快当天就能送到。这种效率的提升，极大地刺激了消费，促进了经济的增长，而这背后其实得益于铁路、公路和航空网络的协同发展。从网购下单到收到包裹，背后是一个庞大的物流体系在运转。

面对当前的挑战，未来的基础设施建设需要更加理性和平衡。既要看到一些地区“基建狂热”带来的问题，也要认识到基础设施对推动经济社会发展的重要作用。

在投资决策上，需要建立更科学的评估体系。不能仅看短期经济效益，也要考虑长期社会效益，但同时也要警惕过度超前投资带来的风险。在融资方式上，要积极探索多元化模式。除了传统的政府投资，还要更多地引入社会资本，利用社会资本来对项目进行合理的定价和成本收益分析，选择优质的项目进行投资和发展，提高资源利用效率。在运营管理上，要注重提升效率。通过智能化、信息化手段，降低运营成本，提高服务质量。例如，许多城市地铁已经开始采用无人驾驶技术，显著提升了运营效率。

从一个个普通人的生活变迁中，我们看到了基础设施建设带来的深刻改变；从一个个具体案例中，我们也认识到了当前面临的挑战。在追求发展的同时更加注重质量和效益，让基础设施建设更好地服务于人民的美好生活，这应该是我们未来努力的方向。

正如邓小平同志所说："发展才是硬道理。"但这种发展必须是可持续的、均衡的、惠及全民的。在基础设施建设这个议题上，我们需要在效率与公平、当前与长远、经济效益与社会效益之间找到最佳平衡点。只有这样，才能确保基建投资真正成为推动中国经济社会发展的强大引擎，而不是沉重的包袱。在追求发展的同时更加注重质量和效益，让基础设施建设更好地服务于人民的美好生活，这应该是我们未来努力的方向。

第5章

尾声

夜幕降临，城市的灯火次第点亮，高楼林立，霓虹闪烁，映照着车水马龙的街道。40 余年，城市里的万家灯火从昏暗到明亮，从单调到多彩，这些变化正是中国经济发展最直观的写照。万家灯火之下，人们为“衣食住行”奔波，在看似平凡的生活中承载起每个中国人最真切的生活体验与记忆。

当我们追溯那段从布票到国潮的“衣”之变迁，往事如潮水般涌来。那个年代，一家人珍藏的布票，只够一年购买几尺长的布材，然后经过一双双巧手，缝制成全家人的衣服。北京的“动批”，曾是服装批发的代名词，也是无数年轻人时尚的起点，而现在却已被发达的电商平台所取代。短短几十年，中国已从布票时代一跃成为世界服装制造中心，又踏上从“中国制造”迈向“中国创造”的新征程。

如今走在街头，马面裙的飘逸、汉服的典雅、国潮品牌的时尚与创意，处处彰显着对中华优秀传统文化的自信。近年来的国际时装周上，中国设计师们将传统文化元素与现代设计理念完美融合的作品，赢得了全球时尚界的赞叹。中国传统服饰中的色彩运用、图案设计、剪裁技艺正在以全新的方式走向世界，成为全球时尚界汲取灵感的重要源泉。从传统刺绣到现代国潮，从山寨模仿到原创设计，服装产业的嬗变不仅是产业升级，更是中华文化的创造性转化与创新性发展。

从粮本到外卖，“食”之变革同样令人感慨。记得那个年代，家家户户都有一本粮票簿，每月定量购粮，“吃饱肚子”是那个时代每个国人最朴素的期盼。那时常有人说，年轻时有顿肉吃就是过年了。而现在，打开手机，轻点几下，各种美食便可送到家门口。这些变化背后，是中国经济的崛起，是以“菜篮子工程”为代表的国家战略转变，是从传统农业到智慧农业的产业升级，更是从“吃得饱”到“吃得好”的民生跨越。

在中国乡村，越来越多的年轻一代已经跳出过往农业经营的窠臼，正在通过直播带货，打开销售农产品的新渠道。曾经偏远的小山村，如今依靠优质的农特产和电商平台，打开了通往全国的销路。许多村庄的故事都在诉说着同一个主题：数字经济正在赋能传统农业，重塑乡村价值。从小村庄到大市场，从田间到餐桌，中国的食品供应链已经形成了一个完整而高效的生态系统，这背后是产业的升级，更是我国“三农”工作的瞩目成就。

“住”的变迁，映照着城市化进程的波澜壮阔。从筒子楼到工人新村，再到商品房，直至如今的智慧社区，居住条件的每一次改善都承载着国家发展的足迹。曾经的棚户区如今已是高楼林立，绿树成荫，二十几户人家共用一个水龙头的日子一去不返。现代社区实现了智能化管理，家电远程控制，老年人有紧急呼叫系统，孩子有专门的活动空间。从蜗居到宜居，从忧居到优居，中国的住房建设不仅解决了“有没有”，更追求“好不好”。

城市更新与老城保护的思辨，也是值得思考的课题。在快速城市化进程中，如何保留历史记忆，传承城市文脉，成为摆在规划者面前的重要课题。近年来，许多城市开始重视历史街区保护，探索“微更新”模式，既改善居民生活条件，又保留历史风貌。这种对历史与现代、保护与发展关系的思考，体现了城市发展理念的成熟与进步。

乡村振兴不仅关乎“住”的问题，更是解决城乡二元结构的重要途径。美丽乡村建设、特色小镇发展、乡村旅游兴起等现象，都在重塑中国乡村的面貌。这些变化不仅改善了农民的居住条件，更为乡村发展注入了新的活力，为解决“城市病”提供了缓冲空间。

出行方式的变革，或许是“衣食住行”中最引人瞩目的。从绿皮车到高铁，从自行车到共享单车，从“老三样”出口到电动汽车走向世界，中国的交通方式发生了翻天覆地的变化。高铁网络纵横交错，覆盖全国。昔日需要几天几夜才能完成的旅程，如今仅需数小时。这不仅缩短了空间距离，更连接了情感纽带，重塑了区域经济版图。

短短几十年间，中国高速公路总里程已位居世界第一，实现了“县县通高速”的目标。这不仅改变了人们的出行方式，更深刻影响了产业布局、人口流动和区域发展格局。特别是在中西部地区，高速公路的修建打破了地理隔阂，为当地经济发展注入了活力。

智能交通的发展，代表着未来出行方式的革命。自动驾驶技术、交通大数据应用、智能信号控制系统等创新，正在重塑城市交通体系。共享出行的兴起，不仅提高了资源利用效率，更引领了消费模式的变革。从拥有到共享，从个体到平台，反映了经济形态的深刻变化。

中国经济发展的成就，既在于“总量之变”，更在于“结构之变”。从生产导向到消费引领，从要素驱动到创新驱动，从高速度到高质量，这些转变凝聚着改革者的智慧与决心。供给侧结构性改革，既是对经济运行规律的尊重，也是对发展模式的主动调整，体现了中国特色社会主义政治经济学的实践创新。

展望未来，新基建的加速布局正在为经济注入新的活力，5G、人工智能、工业互联网等新型基础设施的建设，不再是遥不可及的科技幻想，而是融入日常生活的现实。智能工厂中，机器人高效作业，生产线全程数字化监控，彰显着科技的力量。而以 Deep Seek 为代表的国产大语言模型的突破性进展，更是中国在人工智能领域自主创新的有力证明。

数字经济的发展不仅是技术问题，更是治理问题。如何平衡效率与公平、创新与安全、发展与规范，需要理论创新和实践探索。中国在数字经济领域的实践，既借鉴了国际经验，又结合本国国情，走出了一条独具特色的发展道路。尤其是在数字普惠金融、数字乡村等领域的探索，为解决发展不平衡不充分问题提供了新思路。

绿色发展的理念也随着我国经济的崛起，不断地深入人心，重塑着中国经济的发展路径。从“先污染后治理”到“绿水青山就是金山银山”，发展理念的转变带来了发展方式的变革。生态文明建设已经上升为国家战略，环保产业迎来了发展机遇。碳达峰碳中和目标的提出，不仅为应对气候变化贡献了中国方案，也为经济高质量发展指明了方向。绿色技术创新、清洁能源发展、循环经济推广等举措，正在构建起可持续发展的新引擎。

当然，前进的道路从来不是一帆风顺。人口结构变化、环境资源约束、国际竞争加剧等挑战依然存在。但正如过去克服了无数困难一样，这些挑战终将转化为发展的动力。人口老龄化既是挑战，也蕴含着“银发经济”的机遇；资源环境约束既是硬约束，也是倒逼产业转型的动力；国际竞争的加剧既考验着产业链韧性，也促进着创新发展。历史一再证明，中国经济的韧性、潜力和活力，能够应对各种风险挑战，站上一个又一个新的高峰。

从身边现象看中国经济，我们看到的不仅是数字的增长，更是人民生活的改善；不仅是硬实力的提升，更是软实力的积累；不仅是经济的腾飞，更是民族的复兴。这万家灯火，是中国经济发展最生动的写照，也是大国崛起最温暖的底色。

在新时代的征程上，中国必将继续书写经济发展的新篇章，每一个普通人的生活也将因此变得更加美好。从布票到国潮，从粮本到外卖，从筒子楼到智慧社区，从绿皮车到高铁网，这些变迁昭示着，中华民族伟大复兴的中国梦正在一步步变为现实。

繁星点点的夜空下，无数家庭的灯光汇聚成璀璨星河，照亮中国经济发展的壮丽征程。这光明，来自每一个奋斗者的双手；这希望，植根于历史的沃土。站在新的历史起点上，让我们以更加开放包容的姿态拥抱世界，以更加自信从容的步伐迈向未来，共同书写中国经济发展的崭新篇章，为人类文明进步作出更大贡献。